믿음과 소망과 사랑을 담아

______________ 님께 드립니다.

년 월 일

교 회	
이 름	
시작한 날	년 월 일
끝마친 날	년 월 일

개역개정

마음으로 따라 쓰는

시편

신앙과지성사

『마음으로 따라 쓰는 시편』을 시작하는 분들께

시편은 우리 신앙에 꼭 필요한 영성의 근육들을 형성해 간 신앙 선배들의 영적 훈련소입니다. 시편은 그리스도인들이 고난의 현장에서 탄식하면서 영성을 길러 마침내 찬양으로 나아가도록 이끌어 줍니다. 우리가 '거의 미끄러질 뻔한' 신앙의 의심을 거쳐 '성소에 들어갈 때에' 하나님의 절대 권능과 주권을 깨닫고 다시 마음을 가다듬고 신앙을 회복할 수 있도록 안내해 주는 것입니다.

우리는 시편을 통해 성서의 전체 흐름 속에 나타난 영성의 단계들을 발견할 수 있습니다. 즉, 율법서와 같은 '토라시', 예언서와 같은 '탄식시', 지혜문학과 같은 '지혜시', 아가서와 같은 '시온의 노래'와 '성전에 올라가는 노래', '할렐루야 시편'들이 그것입니다. 시편에는 성서의 다양한 성격과 메시지들이 골고루 담겨 있어 그리스도인의 균형 잡힌 영성 형성을 돕습니다.

일러두기

1. 먼저 조용히 기도를 하고 말씀의 요점을 묵상합니다.

2. 묵상한 말씀을 곱씹으며 한 글자 한 글자 정성껏 따라 씁니다.

3. 다 쓰고 난 후 말씀 묵상의 질문에 답합니다.

4. 매일 정해진 분량을 꾸준히 따라 씁니다.

※ 본서의 각 본문 요점 설명과 묵상을 위한 질문들은 한국영성형성아카데미에서 기획한 『영성 형성을 위한 시편 매일 묵상』(이성호, 신앙과지성사, 2015)의 내용을 일부 참조하여 제작되었습니다.

1편

요점 | 복은 어떻게 받는가? 그리고 누가 심판을 받는가?

1 복 있는 사람은 악인들의 꾀를 따르지 아니하며 죄인들
의 길에 서지 아니하며 오만한 자들의 자리에 앉지 아
니하고
2 오직 여호와의 율법을 즐거워하여 그의 율법을 주야로
묵상하는도다
3 그는 시냇가에 심은 나무가 철을 따라 열매를 맺으며
그 잎사귀가 마르지 아니함 같으니 그가 하는 모든 일
이 다 형통하리로다
4 악인들은 그렇지 아니함이여 오직 바람에 나는 겨와 같
도다
5 그러므로 악인들은 심판을 견디지 못하며 죄인들이 의
인들의 모임에 들지 못하리로다
6 무릇 의인들의 길은 여호와께서 인정하시나 악인들의
길은 망하리로다

말씀 묵상 | 1. 하나님의 말씀을 매일 묵상하기 위해 당신은 어떤 습관을 가지고 있습니까?
2. 당신이 배우고 사용하는 묵상집 혹은 묵상 방법은 무엇입니까?

2편

요점 | 누가 세상을 주관하는가? 여호와께 피하는 자가 복이 있다.

1 어찌하여 이방 나라들이 분노하며 민족들이 헛된 일을 꾸미는가

2 세상의 군왕들이 나서며 관원들이 서로 꾀하여 여호와와 그의 기름 부음 받은 자를 대적하며

3 우리가 그들의 맨 것을 끊고 그의 결박을 벗어 버리자 하는도다

4 하늘에 계신 이가 웃으심이여 주께서 그들을 비웃으시리로다

5 그 때에 분을 발하며 진노하사 그들을 놀라게 하여 이르시기를

6 내가 나의 왕을 내 거룩한 산 시온에 세웠다 하시리로다

7 내가 여호와의 명령을 전하노라 여호와께서 내게 이르시되 너는 내 아들이라 오늘 내가 너를 낳았도다

8 내게 구하라 내가 이방 나라를 네 유업으로 주리니 네 소유가 땅 끝까지 이르리로다

9 네가 철장으로 그들을 깨뜨림이여 질그릇 같이 부수리라 하시도다

10 그런즉 군왕들아 너희는 지혜를 얻으며 세상의 재판관
들아 너희는 교훈을 받을지어다
11 여호와를 경외함으로 섬기고 떨며 즐거워할지어다
12 그의 아들에게 입맞추라 그렇지 아니하면 진노하심으
로 너희가 길에서 망하리니 그의 진노가 급하심이라 여
호와께 피하는 모든 사람은 다 복이 있도다

말씀 묵상 | 1. 당신은 매일매일의 삶에서 무엇에 의지하여 삽니까?
2. 당신이 하나님을 온전히 신뢰하는 데 장애물은 무엇입니까?

3편

요점 | 나는 기도한다! 기도하는 한 나는 괜찮다!

1 여호와여 나의 대적이 어찌 그리 많은지요 일어나 나를
치는 자가 많으니이다
2 많은 사람이 나를 대적하여 말하기를 그는 하나님께 구
원을 받지 못한다 하나이다 (셀라)
3 여호와여 주는 나의 방패시요 나의 영광이시요 나의 머
리를 드시는 자이시니이다
4 내가 나의 목소리로 여호와께 부르짖으니 그의 성산에
서 응답하시는도다 (셀라)
5 내가 누워 자고 깨었으니 여호와께서 나를 붙드심이
로다

6 천만인이 나를 에워싸 진 친다 하여도 나는 두려워하지
아니하리이다
7 여호와여 일어나소서 나의 하나님이여 나를 구원하소
서 주께서 나의 모든 원수의 뺨을 치시며 악인의 이를
꺾으셨나이다
8 구원은 여호와께 있사오니 주의 복을 주의 백성에게 내
리소서 (셀라)

♥ **말씀 묵상 |** 1. 사람들이 당신을 근거 없이 공격할 때 당신은 어떻게 대응합니까?
2. 당신이 그런 공격을 극복할 수 있는 영적인 방법은 무엇입니까?

4편

요점 | 하나님은 곤란 중에 나에게 너그럽게 하셨다. 인내심을 가지고 기다리자.

1 내 의의 하나님이여 내가 부를 때에 응답하소서 곤란
중에 나를 너그럽게 하셨사오니 내게 은혜를 베푸사 나
의 기도를 들으소서
2 인생들아 어느 때까지 나의 영광을 바꾸어 욕되게 하며
헛된 일을 좋아하고 거짓을 구하려는가 (셀라)
3 여호와께서 자기를 위하여 경건한 자를 택하신 줄 너희
가 알지어다 내가 그를 부를 때에 여호와께서 들으시리
로다
4 너희는 떨며 범죄하지 말지어다 자리에 누워 심중에 말

하고 잠잠할지어다 (셀라)

5 의의 제사를 드리고 여호와를 의지할지어다

6 여러 사람의 말이 우리에게 선을 보일 자 누구뇨 하오
니 여호와여 주의 얼굴을 들어 우리에게 비추소서

7 주께서 내 마음에 두신 기쁨은 그들의 곡식과 새 포도
주가 풍성할 때보다 더하니이다

8 내가 평안히 눕고 자기도 하리니 나를 안전히 살게 하
시는 이는 오직 여호와이시니이다

♥ 말씀 묵상 | 1. 당신은 하나님의 침묵 가운데 평안을 경험한 적이 언제였습니까?
2. 당신은 당신 자신과 하나님만을 위한 시간과 공간을 어떻게 마련해 두었습니까?

5편

요점 | 나는 하나님의 신실하심을 믿는다. 그 신뢰가 우리를 자유케 한다.

1 여호와여 나의 말에 귀를 기울이사 나의 심정을 헤아려
주소서

2 나의 왕, 나의 하나님이여 내가 부르짖는 소리를 들으
소서 내가 주께 기도하나이다

3 여호와여 아침에 주께서 나의 소리를 들으시리니 아침
에 내가 주께 기도하고 바라리이다

4 주는 죄악을 기뻐하는 신이 아니시니 악이 주와 함께
머물지 못하며

5 오만한 자들이 주의 목전에 서지 못하리이다 주는 모든
행악자를 미워하시며
6 거짓말하는 자들을 멸망시키시리이다 여호와께서는 피
흘리기를 즐기는 자와 속이는 자를 싫어하시나이다
7 오직 나는 주의 풍성한 사랑을 힘입어 주의 집에 들어
가 주를 경외함으로 성전을 향하여 예배하리이다
8 여호와여 나의 원수들로 말미암아 주의 의로 나를 인도
하시고 주의 길을 내 목전에 곧게 하소서
9 그들의 입에 신실함이 없고 그들의 심중이 심히 악하며
그들의 목구멍은 열린 무덤 같고 그들의 혀로는 아첨하
나이다
10 하나님이여 그들을 정죄하사 자기 꾀에 빠지게 하시고
그 많은 허물로 말미암아 그들을 쫓아내소서 그들이 주
를 배역함이니이다
11 그러나 주께 피하는 모든 사람은 다 기뻐하며 주의 보
호로 말미암아 영원히 기뻐 외치고 주의 이름을 사랑하
는 자들은 주를 즐거워하리이다
12 여호와여 주는 의인에게 복을 주시고 방패로 함 같이
은혜로 그를 호위하시리이다

♥ **말씀 묵상** | 1. 무엇이 당신으로 하여금 하나님의 공평하심을 의심하게 합니까?
2. 무엇이 하나님에 대한 당신의 신뢰를 회복하게 합니까?

6편

요점 | 고통 가운데서 하나님께 부르짖는다. 우리는 찬양하기 위해 살고 살기 위해 찬양한다.

1 여호와여 주의 분노로 나를 책망하지 마시오며 주의 진
노로 나를 징계하지 마옵소서
2 여호와여 내가 수척하였사오니 내게 은혜를 베푸소서
여호와여 나의 뼈가 떨리오니 나를 고치소서
3 나의 영혼도 매우 떨리나이다 여호와여 어느 때까지니
이까
4 여호와여 돌아와 나의 영혼을 건지시며 주의 사랑으로
나를 구원하소서
5 사망 중에서는 주를 기억하는 일이 없사오니 스올에서
주께 감사할 자 누구리이까
6 내가 탄식함으로 피곤하여 밤마다 눈물로 내 침상을 띄
우며 내 요를 적시나이다
7 내 눈이 근심으로 말미암아 쇠하며 내 모든 대적으로
말미암아 어두워졌나이다
8 악을 행하는 너희는 다 나를 떠나라 여호와께서 내 울
음 소리를 들으셨도다
9 여호와께서 내 간구를 들으셨음이여 여호와께서 내 기
도를 받으시리로다

10 내 모든 원수들이 부끄러움을 당하고 심히 떪이여 갑자
기 부끄러워 물러가리로다

말씀 묵상 | 1. 당신은 잠을 이루지 못하는 밤에 무엇을 합니까?
2. 당신이 고통 중에 기도문으로 읽을 수 있는 시편은 무엇입니까?

7편

요점 | 당신은 울면서 노래해 본 적이 있는가? 우리에게는 찬양해야 될 이유가 있다.

1 여호와 내 하나님이여 내가 주께 피하오니 나를 쫓아오
는 모든 자들에게서 나를 구원하여 내소서
2 건져낼 자가 없으면 그들이 사자 같이 나를 찢고 뜯을
까 하나이다
3 여호와 내 하나님이여 내가 이런 일을 행하였거나 내
손에 죄악이 있거나
4 화친한 자를 악으로 갚았거나 내 대적에게서 까닭 없이
빼앗았거든
5 원수가 나의 영혼을 쫓아 잡아 내 생명을 땅에 짓밟게
하고 내 영광을 먼지 속에 살게 하소서 (셀라)
6 여호와여 진노로 일어나사 내 대적들의 노를 막으시며
나를 위하여 깨소서 주께서 심판을 명령하셨나이다
7 민족들의 모임이 주를 두르게 하시고 그 위 높은 자리
에 돌아오소서

8 여호와께서 만민에게 심판을 행하시오니 여호와여 나
의 의와 나의 성실함을 따라 나를 심판하소서
9 악인의 악을 끊고 의인을 세우소서 의로우신 하나님이
사람의 마음과 양심을 감찰하시나이다
10 나의 방패는 마음이 정직한 자를 구원하시는 하나님께
있도다
11 하나님은 의로우신 재판장이심이여 매일 분노하시는
하나님이시로다
12 사람이 회개하지 아니하면 그가 그의 칼을 가심이여 그
의 활을 이미 당기어 예비하셨도다
13 죽일 도구를 또한 예비하심이여 그가 만든 화살은 불화
살들이로다
14 악인이 죄악을 낳음이여 재앙을 배어 거짓을 낳았도다
15 그가 웅덩이를 파 만듦이여 제가 만든 함정에 빠졌도다
16 그의 재앙은 자기 머리로 돌아가고 그의 포악은 자기
정수리에 내리리로다
17 내가 여호와께 그의 의를 따라 감사함이여 지존하신 여
호와의 이름을 찬양하리로다

♥ **말씀 묵상** | 1. 당신은 언제 무력하다고 느낍니까?
2. 당신은 그 무력감을 어떻게 계속 전진할 수 있는 용기로 바꾸었습니까?

8편

요점 | 나는 귀하다. 깨닫고 나면 예배하게 된다.

1 여호와 우리 주여 주의 이름이 온 땅에 어찌 그리 아름
다운지요 주의 영광이 하늘을 덮었나이다
2 주의 대적으로 말미암아 어린 아이들과 젖먹이들의 입
으로 권능을 세우심이여 이는 원수들과 보복자들을 잠
잠하게 하려 하심이니이다
3 주의 손가락으로 만드신 주의 하늘과 주께서 베풀어 두
신 달과 별들을 내가 보오니
4 사람이 무엇이기에 주께서 그를 생각하시며 인자가 무
엇이기에 주께서 그를 돌보시나이까
5 그를 하나님보다 조금 못하게 하시고 영화와 존귀로 관
을 씌우셨나이다
6 주의 손으로 만드신 것을 다스리게 하시고 만물을 그의
발 아래 두셨으니
7 곧 모든 소와 양과 들짐승이며
8 공중의 새와 바다의 물고기와 바닷길에 다니는 것이니
이다
9 여호와 우리 주여 주의 이름이 온 땅에 어찌 그리 아름
다운지요

말씀 묵상 | 1. 당신은 언제 당신이 존귀하다고 느낍니까?
2. 당신은 언제 다른 사람들이 존귀하다고 느낍니까?

9편

요점 | 하나님이 하실 일과 내가 할 일은? 우리는 하나님을 신뢰해야 한다.

1 내가 전심으로 여호와께 감사하오며 주의 모든 기이한
일들을 전하리이다
2 내가 주를 기뻐하고 즐거워하며 지존하신 주의 이름을
찬송하리니
3 내 원수들이 물러갈 때에 주 앞에서 넘어져 망함이니
이다
4 주께서 나의 의와 송사를 변호하셨으며 보좌에 앉으사
의롭게 심판하셨나이다
5 이방 나라들을 책망하시고 악인을 멸하시며 그들의 이
름을 영원히 지우셨나이다
6 원수가 끊어져 영원히 멸망하였사오니 주께서 무너뜨
린 성읍들을 기억할 수 없나이다
7 여호와께서 영원히 앉으심이여 심판을 위하여 보좌를
준비하셨도다
8 공의로 세계를 심판하심이여 정직으로 만민에게 판결
을 내리시리로다

9 여호와는 압제를 당하는 자의 요새이시요 환난 때의 요
새이시로다
10 여호와여 주의 이름을 아는 자는 주를 의지하오리니 이
는 주를 찾는 자들을 버리지 아니하심이니이다
11 너희는 시온에 계신 여호와를 찬송하며 그의 행사를 백
성 중에 선포할지어다
12 피 흘림을 심문하시는 이가 그들을 기억하심이여 가난
한 자의 부르짖음을 잊지 아니하시도다
13 여호와여 내게 은혜를 베푸소서 나를 사망의 문에서 일
으키시는 주여 나를 미워하는 자에게서 받는 나의 고통
을 보소서
14 그리하시면 내가 주의 찬송을 다 전할 것이요 딸 시온
의 문에서 주의 구원을 기뻐하리이다
15 이방 나라들은 자기가 판 웅덩이에 빠짐이여 자기가 숨
긴 그물에 자기 발이 걸렸도다
16 여호와께서 자기를 알게 하사 심판을 행하셨음이여 악
인은 자기가 손으로 행한 일에 스스로 얽혔도다 (힉가욘,
셀라)
17 악인들이 스올로 돌아감이여 하나님을 잊어버린 모든
이방 나라들이 그리하리로다
18 궁핍한 자가 항상 잊어버림을 당하지 아니함이여 가난

한 자들이 영원히 실망하지 아니하리로다

19 여호와여 일어나사 인생으로 승리를 얻지 못하게 하시
며 이방 나라들이 주 앞에서 심판을 받게 하소서

20 여호와여 그들을 두렵게 하시며 이방 나라들이 자기는
인생일 뿐인 줄 알게 하소서 (셀라)

♥ **말씀 묵상** | 1. 하나님을 가장 신뢰하기 힘든 상황은 언제일까요?
2. 하나님께 현재 상황을 바로잡아 달라고 간절히 기도할 필요를 느낀 적은 언제였습니까?

10편

요점 | 하나님은 없다고? 하나님은 지금 여기에 계시다.

1 여호와여 어찌하여 멀리 서시며 어찌하여 환난 때에 숨
으시나이까

2 악한 자가 교만하여 가련한 자를 심히 압박하오니 그들
이 자기가 베푼 꾀에 빠지게 하소서

3 악인은 그의 마음의 욕심을 자랑하며 탐욕을 부리는 자
는 여호와를 배반하여 멸시하나이다

4 악인은 그의 교만한 얼굴로 말하기를 여호와께서 이를
감찰하지 아니하신다 하며 그의 모든 사상에 하나님이
없다 하나이다

5 그의 길은 언제든지 견고하고 주의 심판은 높아서 그에
게 미치지 못하오니 그는 그의 모든 대적들을 멸시하며

6 그의 마음에 이르기를 나는 흔들리지 아니하며 대대로
환난을 당하지 아니하리라 하나이다
7 그의 입에는 저주와 거짓과 포악이 충만하며 그의 혀
밑에는 잔해와 죄악이 있나이다
8 그가 마을 구석진 곳에 앉으며 그 은밀한 곳에서 무죄
한 자를 죽이며 그의 눈은 가련한 자를 엿보나이다
9 사자가 자기의 굴에 엎드림 같이 그가 은밀한 곳에 엎
드려 가련한 자를 잡으려고 기다리며 자기 그물을 끌어
당겨 가련한 자를 잡나이다
10 그가 구푸려 엎드리니 그의 포악으로 말미암아 가련한
자들이 넘어지나이다
11 그가 그의 마음에 이르기를 하나님이 잊으셨고 그의 얼
굴을 가리셨으니 영원히 보지 아니하시리라 하나이다
12 여호와여 일어나옵소서 하나님이여 손을 드옵소서 가
난한 자들을 잊지 마옵소서
13 어찌하여 악인이 하나님을 멸시하여 그의 마음에 이르
기를 주는 감찰하지 아니하리라 하나이까
14 주께서는 보셨나이다 주는 재앙과 원한을 감찰하시고
주의 손으로 갚으려 하시오니 외로운 자가 주를 의지하
나이다 주는 벌써부터 고아를 도우시는 이시니이다
15 악인의 팔을 꺾으소서 악한 자의 악을 더 이상 찾아낼

수 없을 때까지 찾으소서

16 여호와께서는 영원무궁하도록 왕이시니 이방 나라들이
주의 땅에서 멸망하였나이다

17 여호와여 주는 겸손한 자의 소원을 들으셨사오니 그들
의 마음을 준비하시며 귀를 기울여 들으시고

18 고아와 압제 당하는 자를 위하여 심판하사 세상에 속한
자가 다시는 위협하지 못하게 하시리이다

♥ **말씀 묵상** | 1. 당신은 언제 하나님이 멀리 계시다고 느낍니까?
2. 당신은 하나님이 침묵하신다고 느낄 때 무엇을 하십니까?

11편

요점 | 나는 여호와께 피한다. 하나님과 우리는 이미 한 편이다.

1 내가 여호와께 피하였거늘 너희가 내 영혼에게 새 같이
네 산으로 도망하라 함은 어찌함인가

2 악인이 활을 당기고 화살을 시위에 먹임이여 마음이 바
른 자를 어두운 데서 쏘려 하는도다

3 터가 무너지면 의인이 무엇을 하랴

4 여호와께서는 그의 성전에 계시고 여호와의 보좌는 하
늘에 있음이여 그의 눈이 인생을 통촉하시고 그의 안목
이 그들을 감찰하시도다

5 여호와는 의인을 감찰하시고 악인과 폭력을 좋아하는

자를 마음에 미워하시도다
6 악인에게 그물을 던지시리니 불과 유황과 태우는 바람
이 그들의 잔의 소득이 되리로다
7 여호와는 의로우사 의로운 일을 좋아하시나니 정직한
자는 그의 얼굴을 뵈오리로다

♥ **말씀 묵상** | 1. 당신은 곤경을 당할 때 어디로 피하십니까?
2. 당신은 곤경을 당할 때 무엇을 하십니까?

12편

요점 | 거짓이 판치는 세상! 힘없는 우리가 탄식할 때 하나님은 꼭 응답하신다.

1 여호와여 도우소서 경건한 자가 끊어지며 충실한 자들
이 인생 중에 없어지나이다
2 그들이 이웃에게 각기 거짓을 말함이여 아첨하는 입술
과 두 마음으로 말하는도다
3 여호와께서 모든 아첨하는 입술과 자랑하는 혀를 끊으
시리니
4 그들이 말하기를 우리의 혀가 이기리라 우리 입술은 우
리 것이니 우리를 주관할 자 누구리요 함이로다
5 여호와의 말씀에 가련한 자들의 눌림과 궁핍한 자들의
탄식으로 말미암아 내가 이제 일어나 그를 그가 원하는
안전한 지대에 두리라 하시도다

6 여호와의 말씀은 순결함이여 흙 도가니에 일곱 번 단련
한 은 같도다
7 여호와여 그들을 지키사 이 세대로부터 영원까지 보존
하시리이다
8 비열함이 인생 중에 높임을 받는 때에 악인들이 곳곳에
서 날뛰는도다

♥ **말씀 묵상** | 1. 당신은 위기를 당할 때 어디서 마음의 평화를 찾습니까?
2. 현재 상황에서 당신은 어떤 기도를 할 수 있습니까?

13편

요점 | 끝이 보이지 않는 고통 그리고 어둠 속에서 만난 하나님.

1 여호와여 어느 때까지니이까 나를 영원히 잊으시나이
까 주의 얼굴을 나에게서 어느 때까지 숨기시겠나이까
2 나의 영혼이 번민하고 종일토록 마음에 근심하기를 어
느 때까지 하오며 내 원수가 나를 치며 자랑하기를 어
느 때까지 하리이까
3 여호와 내 하나님이여 나를 생각하사 응답하시고 나의
눈을 밝히소서 두렵건대 내가 사망의 잠을 잘까 하오며
4 두렵건대 나의 원수가 이르기를 내가 그를 이겼다 할까
하오며 내가 흔들릴 때에 나의 대적들이 기뻐할까 하나
이다

5 나는 오직 주의 사랑을 의지하였사오니 나의 마음은 주
의 구원을 기뻐하리이다
6 내가 여호와를 찬송하리니 이는 주께서 내게 은덕을 베
푸심이로다

♥ 말씀 묵상 | 1. 당신에게 하나님은 누구입니까?
2. 당신은 하나님에게 무엇을 기대합니까?

14편

요점 | 당신은 무엇을 보는가? 지금이 하나님을 따를 때다.

1 어리석은 자는 그의 마음에 이르기를 하나님이 없다 하
는도다 그들은 부패하고 그 행실이 가증하니 선을 행하
는 자가 없도다
2 여호와께서 하늘에서 인생을 굽어살피사 지각이 있어
하나님을 찾는 자가 있는가 보려 하신즉
3 다 치우쳐 함께 더러운 자가 되고 선을 행하는 자가 없
으니 하나도 없도다
4 죄악을 행하는 자는 다 무지하냐 그들이 떡 먹듯이 내
백성을 먹으면서 여호와를 부르지 아니하는도다
5 그러나 거기서 그들은 두려워하고 두려워하였으니 하
나님이 의인의 세대에 계심이로다
6 너희가 가난한 자의 계획을 부끄럽게 하나 오직 여호와

는 그의 피난처가 되시도다

7 이스라엘의 구원이 시온에서 나오기를 원하도다 여호와께서 그의 백성을 포로된 곳에서 돌이키실 때에 야곱이 즐거워하고 이스라엘이 기뻐하리로다

말씀 묵상 | 1. 당신은 당신의 일상에서 언제 하나님의 임재를 봅니까?
2. 무엇이 당신이 그것을 볼 수 있도록 돕습니까?

15편

요점 | 누가 하나님과 함께 할 수 있는가? 결국은 우리의 믿음이 해답이다.

1 여호와여 주의 장막에 머무를 자 누구오며 주의 성산에 사는 자 누구오니이까

2 정직하게 행하며 공의를 실천하며 그의 마음에 진실을 말하며

3 그의 혀로 남을 허물하지 아니하고 그의 이웃에게 악을 행하지 아니하며 그의 이웃을 비방하지 아니하며

4 그의 눈은 망령된 자를 멸시하며 여호와를 두려워하는 자들을 존대하며 그의 마음에 서원한 것은 해로울지라도 변하지 아니하며

5 이자를 받으려고 돈을 꾸어 주지 아니하며 뇌물을 받고 무죄한 자를 해하지 아니하는 자이니 이런 일을 행하는 자는 영원히 흔들리지 아니하리이다

♥ **말씀 묵상** | 1. 하나님이 존재하신다는 것을 믿기 어렵게 만드는 것은 무엇입니까?
2. 하나님이 당신과 함께 한다고 강력하게 느낀 때는 언제입니까?

16편

요점 | 누가 나를 보호해 줄 것인가? 하나님은 믿는 자들을 통해 우리를 보호하신다.

1 하나님이여 나를 지켜 주소서 내가 주께 피하나이다
2 내가 여호와께 아뢰되 주는 나의 주님이시오니 주 밖에
는 나의 복이 없다 하였나이다
3 땅에 있는 성도들은 존귀한 자들이니 나의 모든 즐거움
이 그들에게 있도다
4 다른 신에게 예물을 드리는 자는 괴로움이 더할 것이라
나는 그들이 드리는 피의 전제를 드리지 아니하며 내
입술로 그 이름도 부르지 아니하리로다
5 여호와는 나의 산업과 나의 잔의 소득이시니 나의 분깃
을 지키시나이다
6 내게 줄로 재어 준 구역은 아름다운 곳에 있음이여 나
의 기업이 실로 아름답도다
7 나를 훈계하신 여호와를 송축할지라 밤마다 내 양심이
나를 교훈하도다
8 내가 여호와를 항상 내 앞에 모심이여 그가 나의 오른
쪽에 계시므로 내가 흔들리지 아니하리로다

9 이러므로 나의 마음이 기쁘고 나의 영도 즐거워하며 내
육체도 안전히 살리니
10 이는 주께서 내 영혼을 스올에 버리지 아니하시며 주의
거룩한 자를 멸망시키지 않으실 것임이니이다
11 주께서 생명의 길을 내게 보이시리니 주의 앞에는 충만
한 기쁨이 있고 주의 오른쪽에는 영원한 즐거움이 있나
이다

♥ **말씀 묵상 |** 1. 어려움에 처할 때 누가 당신을 보호해 줍니까?
2. 하나님이 당신의 뒤를 봐준다는 느낌을 갖도록 해 주는 것은 무엇입니까?

17편

요점 | 내가 평안과 확신을 갖는 이유는 무엇 때문인가?

1 여호와여 의의 호소를 들으소서 나의 울부짖음에 주의
하소서 거짓 되지 아니한 입술에서 나오는 나의 기도에
귀를 기울이소서
2 주께서 나를 판단하시며 주의 눈으로 공평함을 살피
소서
3 주께서 내 마음을 시험하시고 밤에 내게 오시어서 나를
감찰하셨으나 흠을 찾지 못하셨사오니 내가 결심하고
입으로 범죄하지 아니하리이다
4 사람의 행사로 논하면 나는 주의 입술의 말씀을 따라

스스로 삼가서 포악한 자의 길을 가지 아니하였사오며
5 나의 걸음이 주의 길을 굳게 지키고 실족하지 아니하였
나이다
6 하나님이여 내게 응답하시겠으므로 내가 불렀사오니
내게 귀를 기울여 내 말을 들으소서
7 주께 피하는 자들을 그 일어나 치는 자들에게서 오른손
으로 구원하시는 주여 주의 기이한 사랑을 나타내소서
8 나를 눈동자 같이 지키시고 주의 날개 그늘 아래에 감
추사
9 내 앞에서 나를 압제하는 악인들과 나의 목숨을 노리는
원수들에게서 벗어나게 하소서
10 그들의 마음은 기름에 잠겼으며 그들의 입은 교만하게
말하나이다
11 이제 우리가 걸어가는 것을 그들이 에워싸서 노려보고
땅에 넘어뜨리려 하나이다
12 그는 그 움킨 것을 찢으려 하는 사자 같으며 은밀한 곳
에 엎드린 젊은 사자 같으니이다
13 여호와여 일어나 그를 대항하여 넘어뜨리시고 주의 칼
로 악인에게서 나의 영혼을 구원하소서
14 여호와여 이 세상에 살아 있는 동안 그들의 분깃을 받
은 사람들에게서 주의 손으로 나를 구하소서 그들은 주

의 재물로 배를 채우고 자녀로 만족하고 그들의 남은
산업을 그들의 어린 아이들에게 물려 주는 자니이다
15 나는 의로운 중에 주의 얼굴을 뵈오리니 깰 때에 주의
형상으로 만족하리이다

♥ 말씀 묵상 | 1. 당신은 언제 현실 너머에 있는 하나님의 실재를 체험합니까?
2. 현실 너머에 있는 하나님을 체험하지 못하였다면 그 이유가 무엇이라고 생각합니까?

18편

요점 | 승리를 주신 것에 대한 왕의 감사. 주님이 기도를 들으시는 이유는?

1 나의 힘이신 여호와여 내가 주를 사랑하나이다
2 여호와는 나의 반석이시요 나의 요새시요 나를 건지시
는 이시요 나의 하나님이시요 내가 그 안에 피할 나의
바위시요 나의 방패시요 나의 구원의 뿔이시요 나의 산
성이시로다
3 내가 찬송 받으실 여호와께 아뢰리니 내 원수들에게서
구원을 얻으리로다
4 사망의 줄이 나를 얽고 불의의 창수가 나를 두렵게 하
였으며
5 스올의 줄이 나를 두르고 사망의 올무가 내게 이르렀
도다
6 내가 환난 중에서 여호와께 아뢰며 나의 하나님께 부르

짖었더니 그가 그의 성전에서 내 소리를 들으심이여 그
의 앞에서 나의 부르짖음이 그의 귀에 들렸도다
7 이에 땅이 진동하고 산들의 터도 요동하였으니 그의 진
노로 말미암음이로다
8 그의 코에서 연기가 오르고 입에서 불이 나와 사름이여
그 불에 숯이 피었도다
9 그가 또 하늘을 드리우시고 강림하시니 그의 발 아래는
어두캄캄하도다
10 그룹을 타고 다니심이여 바람 날개를 타고 높이 솟아오
르셨도다
11 그가 흑암을 그의 숨는 곳으로 삼으사 장막 같이 자기
를 두르게 하심이여 곧 물의 흑암과 공중의 빽빽한 구
름으로 그리하시도다
12 그 앞에 광채로 말미암아 빽빽한 구름이 지나며 우박과
숯불이 내리도다
13 여호와께서 하늘에서 우렛소리를 내시고 지존하신 이
가 음성을 내시며 우박과 숯불을 내리시도다
14 그의 화살을 날려 그들을 흩으심이여 많은 번개로 그들
을 깨뜨리셨도다
15 이럴 때에 여호와의 꾸지람과 콧김으로 말미암아 물 밑
이 드러나고 세상의 터가 나타났도다

16 그가 높은 곳에서 손을 펴사 나를 붙잡아 주심이여 많
은 물에서 나를 건져내셨도다
17 나를 강한 원수와 미워하는 자에게서 건지셨음이여 그
들은 나보다 힘이 세기 때문이로다
18 그들이 나의 재앙의 날에 내게 이르렀으나 여호와께서
나의 의지가 되셨도다
19 나를 넓은 곳으로 인도하시고 나를 기뻐하시므로 나를
구원하셨도다
20 여호와께서 내 의를 따라 상 주시며 내 손의 깨끗함을
따라 내게 갚으셨으니
21 이는 내가 여호와의 도를 지키고 악하게 내 하나님을
떠나지 아니하였으며
22 그의 모든 규례가 내 앞에 있고 내게서 그의 율례를 버
리지 아니하였음이로다
23 또한 나는 그의 앞에 완전하여 나의 죄악에서 스스로
자신을 지켰나니
24 그러므로 여호와께서 내 의를 따라 갚으시되 그의 목전
에서 내 손이 깨끗한 만큼 내게 갚으셨도다
25 자비로운 자에게는 주의 자비로우심을 나타내시며 완
전한 자에게는 주의 완전하심을 보이시며
26 깨끗한 자에게는 주의 깨끗하심을 보이시며 사악한 자

에게는 주의 거스르심을 보이시리니
27 주께서 곤고한 백성은 구원하시고 교만한 눈은 낮추시
리이다
28 주께서 나의 등불을 켜심이여 여호와 내 하나님이 내
흑암을 밝히시리이다
29 내가 주를 의뢰하고 적군을 향해 달리며 내 하나님을
의지하고 담을 뛰어넘나이다
30 하나님의 도는 완전하고 여호와의 말씀은 순수하니 그
는 자기에게 피하는 모든 자의 방패시로다
31 여호와 외에 누가 하나님이며 우리 하나님 외에 누가
반석이냐
32 이 하나님이 힘으로 내게 띠 띠우시며 내 길을 완전하
게 하시며
33 나의 발을 암사슴 발 같게 하시며 나를 나의 높은 곳에
세우시며
34 내 손을 가르쳐 싸우게 하시니 내 팔이 놋 활을 당기도다
35 또 주께서 주의 구원하는 방패를 내게 주시며 주의 오
른손이 나를 붙들고 주의 온유함이 나를 크게 하셨나
이다
36 내 걸음을 넓게 하셨고 나를 실족하지 않게 하셨나이다
37 내가 내 원수를 뒤쫓아가리니 그들이 망하기 전에는 돌

아서지 아니하리이다
38 내가 그들을 쳐서 능히 일어나지 못하게 하리니 그들이
내 발 아래에 엎드러지리이다
39 주께서 나를 전쟁하게 하려고 능력으로 내게 띠 띠우사
일어나 나를 치는 자들이 내게 굴복하게 하셨나이다
40 또 주께서 내 원수들에게 등을 내게로 향하게 하시고
나를 미워하는 자들을 내가 끊어 버리게 하셨나이다
41 그들이 부르짖으나 구원할 자가 없었고 여호와께 부르
짖어도 그들에게 대답하지 아니하셨나이다
42 내가 그들을 바람 앞에 티끌 같이 부숴뜨리고 거리의
진흙 같이 쏟아 버렸나이다
43 주께서 나를 백성의 다툼에서 건지시고 여러 민족의 으
뜸으로 삼으셨으니 내가 알지 못하는 백성이 나를 섬기
리이다
44 그들이 내 소문을 들은 즉시로 내게 청종함이여 이방인
들이 내게 복종하리로다
45 이방 자손들이 쇠잔하여 그 견고한 곳에서 떨며 나오리
로다
46 여호와는 살아 계시니 나의 반석을 찬송하며 내 구원의
하나님을 높일지로다
47 이 하나님이 나를 위하여 보복해 주시고 민족들이 내게

복종하게 해 주시도다
48 주께서 나를 내 원수들에게서 구조하시니 주께서 나를
대적하는 자들의 위에 나를 높이 드시고 나를 포악한
자에게서 건지시나이다
49 여호와여 이러므로 내가 이방 나라들 중에서 주께 감사
하며 주의 이름을 찬송하리이다
50 여호와께서 그 왕에게 큰 구원을 주시며 기름 부음 받
은 자에게 인자를 베푸심이여 영원토록 다윗과 그 후손
에게로다

♥ **말씀 묵상** | 1. 어려움을 당할 때 위의 일곱 가지 원칙 중에서 무엇이 제일 걸리십니까?
2. 인내심을 가질 수 없게 만드는 일로는 어떤 것들이 있습니까?

19편

요점 | 자연에 나타난 하나님의 영광과 아름다움을 볼 줄 아는 마음.

1 하늘이 하나님의 영광을 선포하고 궁창이 그의 손으로
하신 일을 나타내는도다
2 날은 날에게 말하고 밤은 밤에게 지식을 전하니
3 언어도 없고 말씀도 없으며 들리는 소리도 없으나
4 그의 소리가 온 땅에 통하고 그의 말씀이 세상 끝까지
이르도다 하나님이 해를 위하여 하늘에 장막을 베푸셨
도다

5 해는 그의 신방에서 나오는 신랑과 같고 그의 길을 달
리기 기뻐하는 장사 같아서
6 하늘 이 끝에서 나와서 하늘 저 끝까지 운행함이여 그
의 열기에서 피할 자가 없도다
7 여호와의 율법은 완전하여 영혼을 소성시키며 여호와
의 증거는 확실하여 우둔한 자를 지혜롭게 하며
8 여호와의 교훈은 정직하여 마음을 기쁘게 하고 여호와
의 계명은 순결하여 눈을 밝게 하시도다
9 여호와를 경외하는 도는 정결하여 영원까지 이르고 여
호와의 법도 진실하여 다 의로우니
10 금 곧 많은 순금보다 더 사모할 것이며 꿀과 송이꿀보
다 더 달도다
11 또 주의 종이 이것으로 경고를 받고 이것을 지킴으로
상이 크니이다
12 자기 허물을 능히 깨달을 자 누구리요 나를 숨은 허물
에서 벗어나게 하소서
13 또 주의 종에게 고의로 죄를 짓지 말게 하사 그 죄가 나
를 주장하지 못하게 하소서 그리하면 내가 정직하여 큰
죄과에서 벗어나겠나이다
14 나의 반석이시요 나의 구속자이신 여호와여 내 입의 말
과 마음의 묵상이 주님 앞에 열납되기를 원하나이다

말씀 묵상 | 1. 당신은 언제 자연에 나가 하나님의 영광을 찬양해 보았습니까?
2. 당신은 언제 성경을 읽으면서 그 말씀이 좋아 행복해하였습니까?

20편

요점 | 왕은 자신이 필요한 것을 위해 무엇을 하였는가? 기도가 응답 받은 것을 어떻게 알 수 있는가?

1 환난 날에 여호와께서 네게 응답하시고 야곱의 하나님
의 이름이 너를 높이 드시며
2 성소에서 너를 도와 주시고 시온에서 너를 붙드시며
3 네 모든 소제를 기억하시며 네 번제를 받아 주시기를
원하노라 (셀라)
4 네 마음의 소원대로 허락하시고 네 모든 계획을 이루어
주시기를 원하노라
5 우리가 너의 승리로 말미암아 개가를 부르며 우리 하나
님의 이름으로 우리의 깃발을 세우리니 여호와께서 네
모든 기도를 이루어 주시기를 원하노라
6 여호와께서 자기에게 기름 부음 받은 자를 구원하시는
줄 이제 내가 아노니 그의 오른손의 구원하는 힘으로
그의 거룩한 하늘에서 그에게 응답하시리로다
7 어떤 사람은 병거, 어떤 사람은 말을 의지하나 우리는
여호와 우리 하나님의 이름을 자랑하리로다
8 그들은 비틀거리며 엎드러지고 우리는 일어나 바로 서

도다

9 여호와여 왕을 구원하소서 우리가 부를 때에 우리에게 응답하소서

♥ **말씀 묵상** | 1. 당신은 하루 중 언제 시간을 내서 기도합니까?
2. 당신은 매일 무엇을 위해 기도합니까?

21편

요점 | 승리는 누가 주는가? 하나님이 주관하신다.

1 여호와여 왕이 주의 힘으로 말미암아 기뻐하며 주의 구원으로 말미암아 크게 즐거워하리이다

2 그의 마음의 소원을 들어 주셨으며 그의 입술의 요구를 거절하지 아니하셨나이다 (셀라)

3 주의 아름다운 복으로 그를 영접하시고 순금 관을 그의 머리에 씌우셨나이다

4 그가 생명을 구하매 주께서 그에게 주셨으니 곧 영원한 장수로소이다

5 주의 구원이 그의 영광을 크게 하시고 존귀와 위엄을 그에게 입히시나이다

6 그가 영원토록 지극한 복을 받게 하시며 주 앞에서 기쁘고 즐겁게 하시나이다

7 왕이 여호와를 의지하오니 지존하신 이의 인자함으로

흔들리지 아니하리이다
8 왕의 손이 왕의 모든 원수들을 찾아냄이여 왕의 오른손
이 왕을 미워하는 자들을 찾아내리로다
9 왕이 노하실 때에 그들을 풀무불 같게 할 것이라 여호
와께서 진노하사 그들을 삼키시리니 불이 그들을 소멸
하리로다
10 왕이 그들의 후손을 땅에서 멸함이여 그들의 자손을 사
람 중에서 끊으리로다
11 비록 그들이 왕을 해하려 하여 음모를 꾸몄으나 이루지
못하도다
12 왕이 그들로 돌아서게 함이여 그들의 얼굴을 향하여 활
시위를 당기리로다
13 여호와여 주의 능력으로 높임을 받으소서 우리가 주의
권능을 노래하고 찬송하게 하소서

말씀 묵상 | 1. 현재 당신의 모습을 결정한 중요한 요인은 어떤 것들이었습니까?
2. 그중에서 하나님은 어떤 역할을 담당하셨습니까?

22편

요점 | 고난 중에 도움을 구하는 기도와 기도 후에 드리는 찬양과 다짐

1 내 하나님이여 내 하나님이여 어찌 나를 버리셨나이까
어찌 나를 멀리 하여 돕지 아니하시오며 내 신음 소리

를 듣지 아니하시나이까
2 내 하나님이여 내가 낮에도 부르짖고 밤에도 잠잠하지
아니하오나 응답하지 아니하시나이다
3 이스라엘의 찬송 중에 계시는 주여 주는 거룩하시니
이다
4 우리 조상들이 주께 의뢰하고 의뢰하였으므로 그들을
건지셨나이다
5 그들이 주께 부르짖어 구원을 얻고 주께 의뢰하여 수치
를 당하지 아니하였나이다
6 나는 벌레요 사람이 아니라 사람의 비방 거리요 백성의
조롱 거리니이다
7 나를 보는 자는 다 나를 비웃으며 입술을 비쭉거리고
머리를 흔들며 말하되
8 그가 여호와께 의탁하니 구원하실 걸, 그를 기뻐하시니
건지실 걸 하나이다
9 오직 주께서 나를 모태에서 나오게 하시고 내 어머니의
젖을 먹을 때에 의지하게 하셨나이다
10 내가 날 때부터 주께 맡긴 바 되었고 모태에서 나올 때
부터 주는 나의 하나님이 되셨나이다
11 나를 멀리 하지 마옵소서 환난이 가까우나 도울 자 없
나이다

12 많은 황소가 나를 에워싸며 바산의 힘센 소들이 나를
둘러쌌으며
13 내게 그 입을 벌림이 찢으며 부르짖는 사자 같으니이다
14 나는 물 같이 쏟아졌으며 내 모든 뼈는 어그러졌으며
내 마음은 밀랍 같아서 내 속에서 녹았으며
15 내 힘이 말라 질그릇 조각 같고 내 혀가 입천장에 붙었
나이다 주께서 또 나를 죽음의 진토 속에 두셨나이다
16 개들이 나를 에워쌌으며 악한 무리가 나를 둘러 내 수
족을 찔렀나이다
17 내가 내 모든 뼈를 셀 수 있나이다 그들이 나를 주목하
여 보고
18 내 겉옷을 나누며 속옷을 제비 뽑나이다
19 여호와여 멀리 하지 마옵소서 나의 힘이시여 속히 나를
도우소서
20 내 생명을 칼에서 건지시며 내 유일한 것을 개의 세력
에서 구하소서
21 나를 사자의 입에서 구하소서 주께서 내게 응답하시고
들소의 뿔에서 구원하셨나이다
22 내가 주의 이름을 형제에게 선포하고 회중 가운데에서
주를 찬송하리이다
23 여호와를 두려워하는 너희여 그를 찬송할지어다 야곱

의 모든 자손이여 그에게 영광을 돌릴지어다 너희 이스
라엘 모든 자손이여 그를 경외할지어다
24 그는 곤고한 자의 곤고를 멸시하거나 싫어하지 아니하
시며 그의 얼굴을 그에게서 숨기지 아니하시고 그가 울
부짖을 때에 들으셨도다
25 큰 회중 가운데에서 나의 찬송은 주께로부터 온 것이니
주를 경외하는 자 앞에서 나의 서원을 갚으리이다
26 겸손한 자는 먹고 배부를 것이며 여호와를 찾는 자는
그를 찬송할 것이라 너희 마음은 영원히 살지어다
27 땅의 모든 끝이 여호와를 기억하고 돌아오며 모든 나라
의 모든 족속이 주의 앞에 예배하리니
28 나라는 여호와의 것이요 여호와는 모든 나라의 주재심
이로다
29 세상의 모든 풍성한 자가 먹고 경배할 것이요 진토 속
으로 내려가는 자 곧 자기 영혼을 살리지 못할 자도 다
그 앞에 절하리로다
30 후손이 그를 섬길 것이요 대대에 주를 전할 것이며
31 와서 그의 공의를 태어날 백성에게 전함이여 주께서 이
를 행하셨다 할 것이로다

말씀 묵상 | 1. 당신을 가장 괴롭히는 대적은 누구입니까?
2. 당신은 신앙 양심을 가지고 그를 어떻게 처리할 것입니까?

23편

요점 | 양은 어떻게 행복해지는가?

1 여호와는 나의 목자시니 내게 부족함이 없으리로다
2 그가 나를 푸른 풀밭에 누이시며 쉴 만한 물 가로 인도
하시는도다
3 내 영혼을 소생시키시고 자기 이름을 위하여 의의 길로
인도하시는도다
4 내가 사망의 음침한 골짜기로 다닐지라도 해를 두려워
하지 않을 것은 주께서 나와 함께 하심이라 주의 지팡
이와 막대기가 나를 안위하시나이다
5 주께서 내 원수의 목전에서 내게 상을 차려 주시고 기
름을 내 머리에 부으셨으니 내 잔이 넘치나이다
6 내 평생에 선하심과 인자하심이 반드시 나를 따르리니
내가 여호와의 집에 영원히 살리로다

♥ **말씀 묵상** | 1. 당신이 양임을 인정하지 않는 증거를 당신의 어떤 행동에서 볼 수 있습니까?
2. 당신이 양임을 인정한 것은 어떤 일들이 계기가 되었습니까?

24편

요점 | 우리는 예배 처소에 들어갈 수 있을까? 예배자의 기쁨은?

1 땅과 거기에 충만한 것과 세계와 그 가운데에 사는 자

들은 다 여호와의 것이로다

2 여호와께서 그 터를 바다 위에 세우심이여 강들 위에
건설하셨도다

3 여호와의 산에 오를 자가 누구며 그의 거룩한 곳에 설
자가 누구인가

4 곧 손이 깨끗하며 마음이 청결하며 뜻을 허탄한 데에
두지 아니하며 거짓 맹세하지 아니하는 자로다

5 그는 여호와께 복을 받고 구원의 하나님께 의를 얻으
리니

6 이는 여호와를 찾는 족속이요 야곱의 하나님의 얼굴을
구하는 자로다 (셀라)

7 문들아 너희 머리를 들지어다 영원한 문들아 들릴지어
다 영광의 왕이 들어가시리로다

8 영광의 왕이 누구시냐 강하고 능한 여호와시요 전쟁에
능한 여호와시로다

9 문들아 너희 머리를 들지어다 영원한 문들아 들릴지어
다 영광의 왕이 들어가시리로다

10 영광의 왕이 누구시냐 만군의 여호와께서 곧 영광의 왕
이시로다 (셀라)

♥ **말씀 묵상** | 1. 당신에게 가장 감격스러웠던 예배는 언제였습니까?
2. 무엇이 그 예배를 가장 감격스럽게 하였습니까?

25편

요점 | 나에게는 이제 다른 수단이 없다. 하나님의 은혜만이 살 길이다.

1 여호와여 나의 영혼이 주를 우러러보나이다

2 나의 하나님이여 내가 주께 의지하였사오니 나를 부끄
럽지 않게 하시고 나의 원수들이 나를 이겨 개가를 부
르지 못하게 하소서

3 주를 바라는 자들은 수치를 당하지 아니하려니와 까닭
없이 속이는 자들은 수치를 당하리이다

4 여호와여 주의 도를 내게 보이시고 주의 길을 내게 가
르치소서

5 주의 진리로 나를 지도하시고 교훈하소서 주는 내 구원
의 하나님이시니 내가 종일 주를 기다리나이다

6 여호와여 주의 긍휼하심과 인자하심이 영원부터 있었
사오니 주여 이것들을 기억하옵소서

7 여호와여 내 젊은 시절의 죄와 허물을 기억하지 마시고
주의 인자하심을 따라 주께서 나를 기억하시되 주의 선
하심으로 하옵소서

8 여호와는 선하시고 정직하시니 그러므로 그의 도로 죄
인들을 교훈하시리로다

9 온유한 자를 정의로 지도하심이여 온유한 자에게 그의

도를 가르치시리로다
10 여호와의 모든 길은 그의 언약과 증거를 지키는 자에게
인자와 진리로다
11 여호와여 나의 죄악이 크오니 주의 이름으로 말미암아
사하소서
12 여호와를 경외하는 자 누구냐 그가 택할 길을 그에게
가르치시리로다
13 그의 영혼은 평안히 살고 그의 자손은 땅을 상속하리로
다
14 여호와의 친밀하심이 그를 경외하는 자들에게 있음이
여 그의 언약을 그들에게 보이시리로다
15 내 눈이 항상 여호와를 바라봄은 내 발을 그물에서 벗
어나게 하실 것임이로다
16 주여 나는 외롭고 괴로우니 내게 돌이키사 나에게 은혜
를 베푸소서
17 내 마음의 근심이 많사오니 나를 고난에서 끌어내소서
18 나의 곤고와 환난을 보시고 내 모든 죄를 사하소서
19 내 원수를 보소서 그들의 수가 많고 나를 심히 미워하
나이다
20 내 영혼을 지켜 나를 구원하소서 내가 주께 피하오니
수치를 당하지 않게 하소서

21 내가 주를 바라오니 성실과 정직으로 나를 보호하소서
22 하나님이여 이스라엘을 그 모든 환난에서 속량하소서

♥ 말씀 묵상 | 1. 막다른 골목에서 자살을 생각할 때 그것을 막아준 힘은 무엇이었습니까?
2. 그때 그 힘이 지금은 어떤 것으로 바뀌었습니까?

26편

요점 | 내가 하나님 앞에서 완전하다고 할 수 있을까? 자신있는 기도와 승리하는 인생.

1 내가 나의 완전함에 행하였사오며 흔들리지 아니하고
여호와를 의지하였사오니 여호와여 나를 판단하소서
2 여호와여 나를 살피시고 시험하사 내 뜻과 내 양심을
단련하소서
3 주의 인자하심이 내 목전에 있나이다 내가 주의 진리
중에 행하여
4 허망한 사람과 같이 앉지 아니하였사오니 간사한 자와
동행하지도 아니하리이다
5 내가 행악자의 집회를 미워하오니 악한 자와 같이 앉지
아니하리이다
6 여호와여 내가 무죄하므로 손을 씻고 주의 제단에 두루
다니며
7 감사의 소리를 들려 주고 주의 기이한 모든 일을 말하
리이다

8 여호와여 내가 주께서 계신 집과 주의 영광이 머무는
곳을 사랑하오니
9 내 영혼을 죄인과 함께, 내 생명을 살인자와 함께 거두
지 마소서
10 그들의 손에 사악함이 있고 그들의 오른손에 뇌물이 가
득하오나
11 나는 나의 완전함에 행하오리니 나를 속량하시고 내게
은혜를 베푸소서
12 내 발이 평탄한 데에 섰사오니 무리 가운데에서 여호와
를 송축하리이다

♥ 말씀 묵상 | 1. 당신은 매일 어디서 어느 시간에 정기적으로 자신을 돌아보는 시간을 가집니까?
2. 당신은 묵상 일기를 쓰는 유익이 무엇이라고 생각합니까?

27편

요점 | 당신에게는 두려움이 있는가? 하나님이 침묵하실 때는?

1 여호와는 나의 빛이요 나의 구원이시니 내가 누구를 두
려워하리요 여호와는 내 생명의 능력이시니 내가 누구
를 무서워하리요
2 악인들이 내 살을 먹으려고 내게로 왔으나 나의 대적
들, 나의 원수들인 그들은 실족하여 넘어졌도다
3 군대가 나를 대적하여 진 칠지라도 내 마음이 두렵지

아니하며 전쟁이 일어나 나를 치려 할지라도 나는 여전
히 태연하리로다
4 내가 여호와께 바라는 한 가지 일 그것을 구하리니 곧
내가 내 평생에 여호와의 집에 살면서 여호와의 아름다
움을 바라보며 그의 성전에서 사모하는 그것이라
5 여호와께서 환난 날에 나를 그의 초막 속에 비밀히 지
키시고 그의 장막 은밀한 곳에 나를 숨기시며 높은 바
위 위에 두시리로다
6 이제 내 머리가 나를 둘러싼 내 원수 위에 들리리니 내
가 그의 장막에서 즐거운 제사를 드리겠고 노래하며 여
호와를 찬송하리로다
7 여호와여 내가 소리 내어 부르짖을 때에 들으시고 또한
나를 긍휼히 여기사 응답하소서
8 너희는 내 얼굴을 찾으라 하실 때에 내가 마음으로 주
께 말하되 여호와여 내가 주의 얼굴을 찾으리이다 하였
나이다
9 주의 얼굴을 내게서 숨기지 마시고 주의 종을 노하여
버리지 마소서 주는 나의 도움이 되셨나이다 나의 구원
의 하나님이시여 나를 버리지 마시고 떠나지 마소서
10 내 부모는 나를 버렸으나 여호와는 나를 영접하시리이
다

11 여호와여 주의 도를 내게 가르치시고 내 원수를 생각하
셔서 평탄한 길로 나를 인도하소서
12 내 생명을 내 대적에게 맡기지 마소서 위증자와 악을
토하는 자가 일어나 나를 치려 함이니이다
13 내가 산 자들의 땅에서 여호와의 선하심을 보게 될 줄
확실히 믿었도다
14 너는 여호와를 기다릴지어다 강하고 담대하며 여호와
를 기다릴지어다

♥ 말씀 묵상 | 1. 하나님의 때를 기다리면서 당신에게 가장 힘든 것은 무엇입니까?
2. 그것을 극복할 수 있는 방법으로는 무엇이 효과적이었습니까?

28편

요점 | 기도하는 마음가짐 그리고 마음의 열매

1 여호와여 내가 주께 부르짖으오니 나의 반석이여 내게
귀를 막지 마소서 주께서 내게 잠잠하시면 내가 무덤에
내려가는 자와 같을까 하나이다
2 내가 주의 지성소를 향하여 나의 손을 들고 주께 부르
짖을 때에 나의 간구하는 소리를 들으소서
3 악인과 악을 행하는 자들과 함께 나를 끌어내지 마옵소
서 그들은 그 이웃에게 화평을 말하나 그들의 마음에는
악독이 있나이다

4 그들이 하는 일과 그들의 행위가 악한 대로 갚으시며
그들의 손이 지은 대로 그들에게 갚아 그 마땅히 받을
것으로 그들에게 갚으소서
5 그들은 여호와께서 행하신 일과 손으로 지으신 것을 생
각하지 아니하므로 여호와께서 그들을 파괴하고 건설
하지 아니하시리로다
6 여호와를 찬송함이여 내 간구하는 소리를 들으심이
로다
7 여호와는 나의 힘과 나의 방패이시니 내 마음이 그를
의지하여 도움을 얻었도다 그러므로 내 마음이 크게 기
뻐하며 내 노래로 그를 찬송하리로다
8 여호와는 그들의 힘이시요 그의 기름 부음 받은 자의
구원의 요새이시로다
9 주의 백성을 구원하시며 주의 산업에 복을 주시고 또
그들의 목자가 되시어 영원토록 그들을 인도하소서

말씀 묵상 | 1. 당신이 쉬지 않고 오래 기도한 내용이 열매 맺어 여러 사람을 위한 사역으로 변한 것으로는 무엇이 있습니까?
2. 당신이 계속 간구하고 있는 공동체를 위한 기도는 무엇입니까?

29편

요점 | 우주의 처음에는 무엇이 있었을까? 여호와께서 근원이 되신다.

1 너희 권능 있는 자들아 영광과 능력을 여호와께 돌리고

돌릴지어다
2 여호와께 그의 이름에 합당한 영광을 돌리며 거룩한 옷
을 입고 여호와께 예배할지어다
3 여호와의 소리가 물 위에 있도다 영광의 하나님이 우렛
소리를 내시니 여호와는 많은 물 위에 계시도다
4 여호와의 소리가 힘 있음이여 여호와의 소리가 위엄차
도다
5 여호와의 소리가 백향목을 꺾으심이여 여호와께서 레
바논 백향목을 꺾어 부수시도다
6 그 나무를 송아지 같이 뛰게 하심이여 레바논과 시룐으
로 들송아지 같이 뛰게 하시도다
7 여호와의 소리가 화염을 가르시도다
8 여호와의 소리가 광야를 진동하심이여 여호와께서 가
데스 광야를 진동시키시도다
9 여호와의 소리가 암사슴을 낙태하게 하시고 삼림을 말
갛게 벗기시니 그의 성전에서 그의 모든 것들이 말하기
를 영광이라 하도다
10 여호와께서 홍수 때에 좌정하셨음이여 여호와께서 영
원하도록 왕으로 좌정하시도다
11 여호와께서 자기 백성에게 힘을 주심이여 여호와께서
자기 백성에게 평강의 복을 주시리로다

말씀 묵상 | 1. 과학이 신앙에 도움이 되는 발견 중에 알고 있는 것이 있습니까?
2. 과학과 신앙이 모순되는 것처럼 보일 때 당신은 그 문제를 어떻게 해결하십니까?

30편

요점 | 풍랑이 있는 인생과 회개.

1 여호와여 내가 주를 높일 것은 주께서 나를 끌어내사
내 원수로 하여금 나로 말미암아 기뻐하지 못하게 하심
이니이다
2 여호와 내 하나님이여 내가 주께 부르짖으매 나를 고치
셨나이다
3 여호와여 주께서 내 영혼을 스올에서 끌어내어 나를 살
리사 무덤으로 내려가지 아니하게 하셨나이다
4 주의 성도들아 여호와를 찬송하며 그의 거룩함을 기억
하며 감사하라
5 그의 노염은 잠깐이요 그의 은총은 평생이로다 저녁에
는 울음이 깃들일지라도 아침에는 기쁨이 오리로다
6 내가 형통할 때에 말하기를 영원히 흔들리지 아니하리
라 하였도다
7 여호와여 주의 은혜로 나를 산 같이 굳게 세우셨더니
주의 얼굴을 가리시매 내가 근심하였나이다
8 여호와여 내가 주께 부르짖고 여호와께 간구하기를

9 내가 무덤에 내려갈 때에 나의 피가 무슨 유익이 있으
리요 진토가 어떻게 주를 찬송하며 주의 진리를 선포하
리이까
10 여호와여 들으시고 내게 은혜를 베푸소서 여호와여 나
를 돕는 자가 되소서 하였나이다
11 주께서 나의 슬픔이 변하여 내게 춤이 되게 하시며 나
의 베옷을 벗기고 기쁨으로 띠 띠우셨나이다
12 이는 잠잠하지 아니하고 내 영광으로 주를 찬송하게 하
심이니 여호와 나의 하나님이여 내가 주께 영원히 감사
하리이다

말씀 묵상 | 1. 당신이 아직 회개하지 않은 죄가 있다면 무엇입니까?
2. 회개 후 당신의 삶에서 무엇이 달라졌습니까? 그것이 하나님께 드리는 찬양입니다.

31편

요점 | 부끄러움이란 무엇인가? 하나님께 초점을 맞추고 기도하라.

1 여호와여 내가 주께 피하오니 나를 영원히 부끄럽게 하
지 마시고 주의 공의로 나를 건지소서
2 내게 귀를 기울여 속히 건지시고 내게 견고한 바위와
구원하는 산성이 되소서
3 주는 나의 반석과 산성이시니 그러므로 주의 이름을 생
각하셔서 나를 인도하시고 지도하소서

4 그들이 나를 위하여 비밀히 친 그물에서 빼내소서 주는
나의 산성이시니이다
5 내가 나의 영을 주의 손에 부탁하나이다 진리의 하나님
여호와여 나를 속량하셨나이다
6 내가 허탄한 거짓을 숭상하는 자들을 미워하고 여호와
를 의지하나이다
7 내가 주의 인자하심을 기뻐하며 즐거워할 것은 주께
서 나의 고난을 보시고 환난 중에 있는 내 영혼을 아셨
으며
8 나를 원수의 수중에 가두지 아니하셨고 내 발을 넓은
곳에 세우셨음이니이다
9 여호와여 내가 고통 중에 있사오니 내게 은혜를 베푸소
서 내가 근심 때문에 눈과 영혼과 몸이 쇠하였나이다
10 내 일생을 슬픔으로 보내며 나의 연수를 탄식으로 보냄
이여 내 기력이 나의 죄악 때문에 약하여지며 나의 뼈
가 쇠하도소이다
11 내가 모든 대적들 때문에 욕을 당하고 내 이웃에게서는
심히 당하니 내 친구가 놀라고 길에서 보는 자가 나를
피하였나이다
12 내가 잊어버린 바 됨이 죽은 자를 마음에 두지 아니함
같고 깨진 그릇과 같으니이다

13 내가 무리의 비방을 들었으므로 사방이 두려움으로 감
싸였나이다 그들이 나를 치려고 함께 의논할 때에 내
생명을 빼앗기로 꾀하였나이다
14 여호와여 그러하여도 나는 주께 의지하고 말하기를 주
는 내 하나님이시라 하였나이다
15 나의 앞날이 주의 손에 있사오니 내 원수들과 나를 핍
박하는 자들의 손에서 나를 건져 주소서
16 주의 얼굴을 주의 종에게 비추시고 주의 사랑하심으로
나를 구원하소서
17 여호와여 내가 주를 불렀사오니 나를 부끄럽게 하지
마시고 악인들을 부끄럽게 하사 스올에서 잠잠하게
하소서
18 교만하고 완악한 말로 무례히 의인을 치는 거짓 입술이
말 못하는 자 되게 하소서
19 주를 두려워하는 자를 위하여 쌓아 두신 은혜 곧 주께
피하는 자를 위하여 인생 앞에 베푸신 은혜가 어찌 그
리 큰지요
20 주께서 그들을 주의 은밀한 곳에 숨기사 사람의 꾀에서
벗어나게 하시고 비밀히 장막에 감추사 말 다툼에서 면
하게 하시리이다
21 여호와를 찬송할지어다 견고한 성에서 그의 놀라운 사

랑을 내게 보이셨음이로다

22 내가 놀라서 말하기를 주의 목전에서 끊어졌다 하였사
오나 내가 주께 부르짖을 때에 주께서 나의 간구하는
소리를 들으셨나이다

23 너희 모든 성도들아 여호와를 사랑하라 여호와께서 진
실한 자를 보호하시고 교만하게 행하는 자에게 엄중히
갚으시느니라

24 여호와를 바라는 너희들아 강하고 담대하라

말씀 묵상 | 1. 당신은 당신이 왜 가치있는 사람이라고 여깁니까?
2. 당신은 당신 주변의 사람들이 가치있는 사람들이라는 표현을 어떤 식으로 하고 있습니까?

32편

요점 | 회개와 죄의 고백은 용서를 통한 자유와 기쁨을 준다.

1 허물의 사함을 받고 자신의 죄가 가려진 자는 복이 있
도다

2 마음에 간사함이 없고 여호와께 정죄를 당하지 아니하
는 자는 복이 있도다

3 내가 입을 열지 아니할 때에 종일 신음하므로 내 뼈가
쇠하였도다

4 주의 손이 주야로 나를 누르시오니 내 진액이 빠져서
여름 가뭄에 마름 같이 되었나이다 (셀라)

5 내가 이르기를 내 허물을 여호와께 자복하리라 하고 주
께 내 죄를 아뢰고 내 죄악을 숨기지 아니하였더니 곧
주께서 내 죄악을 사하셨나이다 (셀라)
6 이로 말미암아 모든 경건한 자는 주를 만날 기회를 얻
어서 주께 기도할지라 진실로 홍수가 범람할지라도 그
에게 미치지 못하리이다
7 주는 나의 은신처이오니 환난에서 나를 보호하시고 구
원의 노래로 나를 두르시리이다 (셀라)
8 내가 네 갈 길을 가르쳐 보이고 너를 주목하여 훈계하
리로다
9 너희는 무지한 말이나 노새 같이 되지 말지어다 그것들
은 재갈과 굴레로 단속하지 아니하면 너희에게 가까이
가지 아니하리로다
10 악인에게는 많은 슬픔이 있으나 여호와를 신뢰하는 자
에게는 인자하심이 두르리로다
11 너희 의인들아 여호와를 기뻐하며 즐거워할지어다 마
음이 정직한 너희들아 다 즐거이 외칠지어다

말씀 묵상 | 1. 용서받은 경험 중에서 다른 사람과 나눌 수 있는 것이 있습니까?
2. 죄의식이나 수치심으로 괴로워하는 사람들에게 어떤 식으로 그 경험을 나눌 수 있습니까?

33편

요점 | 하나님의 위대하심과 선하심. 우리는 하나님과 한 편이다.

1 너희 의인들아 여호와를 즐거워하라 찬송은 정직한 자
들이 마땅히 할 바로다
2 수금으로 여호와께 감사하고 열 줄 비파로 찬송할지
어다
3 새 노래로 그를 노래하며 즐거운 소리로 아름답게 연주
할지어다
4 여호와의 말씀은 정직하며 그가 행하시는 일은 다 진실
하시도다
5 그는 공의와 정의를 사랑하심이여 세상에는 여호와의
인자하심이 충만하도다
6 여호와의 말씀으로 하늘이 지음이 되었으며 그 만상을
그의 입 기운으로 이루었도다
7 그가 바닷물을 모아 무더기 같이 쌓으시며 깊은 물을
곳간에 두시도다
8 온 땅은 여호와를 두려워하며 세상의 모든 거민들은 그
를 경외할지어다
9 그가 말씀하시매 이루어졌으며 명령하시매 견고히 섰
도다

10 여호와께서 나라들의 계획을 폐하시며 민족들의 사상
을 무효하게 하시도다
11 여호와의 계획은 영원히 서고 그의 생각은 대대에 이르
리로다
12 여호와를 자기 하나님으로 삼은 나라 곧 하나님의 기업
으로 선택된 백성은 복이 있도다
13 여호와께서 하늘에서 굽어보사 모든 인생을 살피심
이여
14 곧 그가 거하시는 곳에서 세상의 모든 거민들을 굽어살
피시는도다
15 그는 그들 모두의 마음을 지으시며 그들이 하는 일을
굽어살피시는 이로다
16 많은 군대로 구원 얻은 왕이 없으며 용사가 힘이 세어
도 스스로 구원하지 못하는도다
17 구원하는 데에 군마는 헛되며 군대가 많다 하여도 능히
구하지 못하는도다
18 여호와는 그를 경외하는 자 곧 그의 인자하심을 바라는
자를 살피사
19 그들의 영혼을 사망에서 건지시며 그들이 굶주릴 때에
그들을 살리시는도다
20 우리 영혼이 여호와를 바람이여 그는 우리의 도움과 방

패시로다

21 우리 마음이 그를 즐거워함이여 우리가 그의 성호를 의
지하였기 때문이로다

22 여호와여 우리가 주께 바라는 대로 주의 인자하심을 우
리에게 베푸소서

♥ 말씀 묵상 | 1. 하나님의 위대하심을 체험한 경험이 있습니까?
2. 하나님의 선하심을 체험한 경험이 있습니까?

34편

요점 | 다윗은 경험이 너무 확실하기에 부르짖을 수 있었다.

1 내가 여호와를 항상 송축함이여 내 입술로 항상 주를
찬양하리이다

2 내 영혼이 여호와를 자랑하리니 곤고한 자들이 이를 듣
고 기뻐하리로다

3 나와 함께 여호와를 광대하시다 하며 함께 그의 이름을
높이세

4 내가 여호와께 간구하매 내게 응답하시고 내 모든 두려
움에서 나를 건지셨도다

5 그들이 주를 앙망하고 광채를 내었으니 그들의 얼굴은
부끄럽지 아니하리로다

6 이 곤고한 자가 부르짖으매 여호와께서 들으시고 그의

모든 환난에서 구원하셨도다
7 여호와의 천사가 주를 경외하는 자를 둘러 진 치고 그
들을 건지시는도다
8 너희는 여호와의 선하심을 맛보아 알지어다 그에게 피
하는 자는 복이 있도다
9 너희 성도들아 여호와를 경외하라 그를 경외하는 자에
게는 부족함이 없도다
10 젊은 사자는 궁핍하여 주릴지라도 여호와를 찾는 자는
모든 좋은 것에 부족함이 없으리로다
11 너희 자녀들아 와서 내 말을 들으라 내가 여호와를 경
외하는 법을 너희에게 가르치리로다
12 생명을 사모하고 연수를 사랑하여 복 받기를 원하는 사
람이 누구뇨
13 네 혀를 악에서 금하며 네 입술을 거짓말에서 금할지
어다
14 악을 버리고 선을 행하며 화평을 찾아 따를지어다
15 여호와의 눈은 의인을 향하시고 그의 귀는 그들의 부르
짖음에 기울이시는도다
16 여호와의 얼굴은 악을 행하는 자를 향하사 그들의 자취
를 땅에서 끊으려 하시는도다
17 의인이 부르짖으매 여호와께서 들으시고 그들의 모든

환난에서 건지셨도다

18 여호와는 마음이 상한 자를 가까이 하시고 충심으로 통
회하는 자를 구원하시는도다

19 의인은 고난이 많으나 여호와께서 그의 모든 고난에서
건지시는도다

20 그의 모든 뼈를 보호하심이여 그 중에서 하나도 꺾이지
아니하도다

21 악이 악인을 죽일 것이라 의인을 미워하는 자는 벌을
받으리로다

22 여호와께서 그의 종들의 영혼을 속량하시나니 그에게
피하는 자는 다 벌을 받지 아니하리로다

♥ **말씀 묵상** | 1. 누구에게나 증언할 수 있는 하나님을 만난 체험이 있습니까?
2. 그 체험을 어떤 식으로 증언해 왔습니까?

35편

요점 | 원수로부터의 구원을 비는 기도. 하나님의 때를 기다리자.

1 여호와여 나와 다투는 자와 다투시고 나와 싸우는 자와
싸우소서

2 방패와 손 방패를 잡으시고 일어나 나를 도우소서

3 창을 빼사 나를 쫓는 자의 길을 막으시고 또 내 영혼에
게 나는 네 구원이라 이르소서

4 내 생명을 찾는 자들이 부끄러워 수치를 당하게 하시며
나를 상해하려 하는 자들이 물러가 낭패를 당하게 하소
서
5 그들을 바람 앞에 겨와 같게 하시고 여호와의 천사가
그들을 몰아내게 하소서
6 그들의 길을 어둡고 미끄럽게 하시며 여호와의 천사가
그들을 뒤쫓게 하소서
7 그들이 까닭 없이 나를 잡으려고 그들의 그물을 웅덩이
에 숨기며 까닭 없이 내 생명을 해하려고 함정을 팠사
오니
8 멸망이 순식간에 그에게 닥치게 하시며 그가 숨긴 그물
에 자기가 잡히게 하시며 멸망 중에 떨어지게 하소서
9 내 영혼이 여호와를 즐거워함이여 그의 구원을 기뻐하
리로다
10 내 모든 뼈가 이르기를 여호와와 같은 이가 누구냐 그
는 가난한 자를 그보다 강한 자에게서 건지시고 가난하
고 궁핍한 자를 노략하는 자에게서 건지시는 이라 하리
로다
11 불의한 증인들이 일어나서 내가 알지 못하는 일로 내게
질문하며
12 내게 선을 악으로 갚아 나의 영혼을 외롭게 하나

13 나는 그들이 병 들었을 때에 굵은 베 옷을 입으며 금식
하여 내 영혼을 괴롭게 하였더니 내 기도가 내 품으로
돌아왔도다
14 내가 나의 친구와 형제에게 행함 같이 그들에게 행하였
으며 내가 몸을 굽히고 슬퍼하기를 어머니를 곡함 같이
하였도다
15 그러나 내가 넘어지매 그들이 기뻐하여 서로 모임이여
불량배가 내가 알지 못하는 중에 모여서 나를 치며 찢
기를 마지아니하도다
16 그들은 연회에서 망령되이 조롱하는 자 같이 나를 향하
여 그들의 이를 갈도다
17 주여 어느 때까지 관망하시려 하나이까 내 영혼을 저
멸망자에게서 구원하시며 내 유일한 것을 사자들에게
서 건지소서
18 내가 대회 중에서 주께 감사하며 많은 백성 중에서 주
를 찬송하리이다
19 부당하게 나의 원수된 자가 나로 말미암아 기뻐하지 못
하게 하시며 까닭 없이 나를 미워하는 자들이 서로 눈
짓하지 못하게 하소서
20 무릇 그들은 화평을 말하지 아니하고 오히려 평안히 땅
에 사는 자들을 거짓말로 모략하며

21 또 그들이 나를 향하여 입을 크게 벌리고 하하 우리가
목격하였다 하나이다
22 여호와여 주께서 이를 보셨사오니 잠잠하지 마옵소서
주여 나를 멀리하지 마옵소서
23 나의 하나님, 나의 주여 떨치고 깨셔서 나를 공판하시
며 나의 송사를 다스리소서
24 여호와 나의 하나님이여 주의 공의대로 나를 판단하사
그들이 나로 말미암아 기뻐하지 못하게 하소서
25 그들이 마음속으로 이르기를 아하 소원을 성취하였다
하지 못하게 하시며 우리가 그를 삼켰다 말하지 못하게
하소서
26 나의 재난을 기뻐하는 자들이 함께 부끄러워 낭패를 당
하게 하시며 나를 향하여 스스로 뽐내는 자들이 수치와
욕을 당하게 하소서
27 나의 의를 즐거워하는 자들이 기꺼이 노래 부르고 즐거
워하게 하시며 그의 종의 평안함을 기뻐하시는 여호와
는 위대하시다 하는 말을 그들이 항상 말하게 하소서
28 나의 혀가 주의 의를 말하며 종일토록 주를 찬송하리
이다

말씀 묵상 | 1. 당신이 악을 선으로 갚는 데 제일 걸림돌이 되는 것은 무엇입니까?
2. 당신이 악을 선으로 갚은 경험을 통해 얻은 큰 깨우침은 무엇입니까?

36편

요점 | 당신은 누구의 목소리를 듣고 있는가? 건강을 잃으면 입맛도 바뀐다.

1 악인의 죄가 그의 마음속으로 이르기를 그의 눈에는 하
나님을 두려워하는 빛이 없다 하니
2 그가 스스로 자랑하기를 자기의 죄악은 드러나지 아니
하고 미워함을 받지도 아니하리라 함이로다
3 그의 입에서 나오는 말은 죄악과 속임이라 그는 지혜와
선행을 그쳤도다
4 그는 그의 침상에서 죄악을 꾀하며 스스로 악한 길에
서고 악을 거절하지 아니하는도다
5 여호와여 주의 인자하심이 하늘에 있고 주의 진실하심
이 공중에 사무쳤으며
6 주의 의는 하나님의 산들과 같고 주의 심판은 큰 바다
와 같으니이다 여호와여 주는 사람과 짐승을 구하여 주
시나이다
7 하나님이여 주의 인자하심이 어찌 그리 보배로우신지
요 사람들이 주의 날개 그늘 아래에 피하나이다
8 그들이 주의 집에 있는 살진 것으로 풍족할 것이라 주
께서 주의 복락의 강물을 마시게 하시리이다
9 진실로 생명의 원천이 주께 있사오니 주의 빛 안에서

우리가 빛을 보리이다

10 주를 아는 자들에게 주의 인자하심을 계속 베푸시며 마

음이 정직한 자에게 주의 공의를 베푸소서

11 교만한 자의 발이 내게 이르지 못하게 하시며 악인들의

손이 나를 쫓아내지 못하게 하소서

12 악을 행하는 자들이 거기서 넘어졌으니 엎드러지고 다

시 일어날 수 없으리이다

말씀 묵상 | 1. 성경의 어느 구절이 참으로 달콤하게 느껴집니까?
2. 어떤 성경 구절이 마음에 불편하고 입맛에 맞지 않습니까?

37편

요점 | 우리가 바꿀 수 없는 것들이 있다. 삶에서 검증된 지혜.

1 악을 행하는 자들 때문에 불평하지 말며 불의를 행하는

자들을 시기하지 말지어다

2 그들은 풀과 같이 속히 베임을 당할 것이며 푸른 채소

같이 쇠잔할 것임이로다

3 여호와를 의뢰하고 선을 행하라 땅에 머무는 동안 그의

성실을 먹을 거리로 삼을지어다

4 또 여호와를 기뻐하라 그가 네 마음의 소원을 네게 이

루어 주시리로다

5 네 길을 여호와께 맡기라 그를 의지하면 그가 이루시고

6 네 의를 빛 같이 나타내시며 네 공의를 정오의 빛 같이
하시리로다
7 여호와 앞에 잠잠하고 참고 기다리라 자기 길이 형통하
며 악한 꾀를 이루는 자 때문에 불평하지 말지어다
8 분을 그치고 노를 버리며 불평하지 말라 오히려 악을
만들 뿐이라
9 진실로 악을 행하는 자들은 끊어질 것이나 여호와를 소
망하는 자들은 땅을 차지하리로다
10 잠시 후에는 악인이 없어지리니 네가 그 곳을 자세히
살필지라도 없으리로다
11 그러나 온유한 자들은 땅을 차지하며 풍성한 화평으로
즐거워하리로다
12 악인이 의인 치기를 꾀하고 그를 향하여 그의 이를 가
는도다
13 그러나 주께서 그를 비웃으시리니 그의 날이 다가옴을
보심이로다
14 악인이 칼을 빼고 활을 당겨 가난하고 궁핍한 자를 엎
드러뜨리며 행위가 정직한 자를 죽이고자 하나
15 그들의 칼은 오히려 그들의 양심을 찌르고 그들의 활은
부러지리로다
16 의인의 적은 소유가 악인의 풍부함보다 낫도다

17 악인의 팔은 부러지나 의인은 여호와께서 붙드시는도
다
18 여호와께서 온전한 자의 날을 아시나니 그들의 기업은
영원하리로다
19 그들은 환난 때에 부끄러움을 당하지 아니하며 기근의
날에도 풍족할 것이나
20 악인들은 멸망하고 여호와의 원수들은 어린 양의 기름
같이 타서 연기가 되어 없어지리로다
21 악인은 꾸고 갚지 아니하나 의인은 은혜를 베풀고 주는
도다
22 주의 복을 받은 자들은 땅을 차지하고 주의 저주를 받
은 자들은 끊어지리로다
23 여호와께서 사람의 걸음을 정하시고 그의 길을 기뻐하
시나니
24 그는 넘어지나 아주 엎드러지지 아니함은 여호와께서
그의 손으로 붙드심이로다
25 내가 어려서부터 늙기까지 의인이 버림을 당하거나 그
의 자손이 걸식함을 보지 못하였도다
26 그는 종일토록 은혜를 베풀고 꾸어 주니 그의 자손이
복을 받는도다
27 악에서 떠나 선을 행하라 그리하면 영원히 살리니

28 여호와께서 정의를 사랑하시고 그의 성도를 버리지 아
니하심이로다 그들은 영원히 보호를 받으나 악인의 자
손은 끊어지리로다
29 의인이 땅을 차지함이여 거기서 영원히 살리로다
30 의인의 입은 지혜로우며 그의 혀는 정의를 말하며
31 그의 마음에는 하나님의 법이 있으니 그의 걸음은 실족
함이 없으리로다
32 악인이 의인을 엿보아 살해할 기회를 찾으나
33 여호와는 그를 악인의 손에 버려 두지 아니하시고 재판
때에도 정죄하지 아니하시리로다
34 여호와를 바라고 그의 도를 지키라 그리하면 네가 땅을
차지하게 하실 것이라 악인이 끊어질 때에 네가 똑똑히
보리로다
35 내가 악인의 큰 세력을 본즉 그 본래의 땅에 서 있는 나
무 잎이 무성함과 같으나
36 내가 지나갈 때에 그는 없어졌나니 내가 찾아도 발견하
지 못하였도다
37 온전한 사람을 살피고 정직한 자를 볼지어다 모든 화평
한 자의 미래는 평안이로다
38 범죄자들은 함께 멸망하리니 악인의 미래는 끊어질 것
이나

39 의인들의 구원은 여호와로부터 오나니 그는 환난 때에 그들의 요새이시로다

40 여호와께서 그들을 도와 건지시되 악인들에게서 건져 구원하심은 그를 의지한 까닭이로다

♥ 말씀 묵상 | 1. 당신의 체험은 시인의 체험과 어떤 점에서 일치합니까?
2. 당신의 체험은 시인의 체험과 어떤 점에서 다릅니까?

38편

요점 | 내가 겪는 고난의 원인이 바로 나 자신이다.

1 여호와여 주의 노하심으로 나를 책망하지 마시고 주의 분노하심으로 나를 징계하지 마소서

2 주의 화살이 나를 찌르고 주의 손이 나를 심히 누르시나이다

3 주의 진노로 말미암아 내 살에 성한 곳이 없사오며 나의 죄로 말미암아 내 뼈에 평안함이 없나이다

4 내 죄악이 내 머리에 넘쳐서 무거운 짐 같으니 내가 감당할 수 없나이다

5 내 상처가 썩어 악취가 나오니 내가 우매한 까닭이로소이다

6 내가 아프고 심히 구부러졌으며 종일토록 슬픔 중에 다니나이다

7 내 허리에 열기가 가득하고 내 살에 성한 곳이 없나
이다
8 내가 피곤하고 심히 상하였으매 마음이 불안하여 신음
하나이다
9 주여 나의 모든 소원이 주 앞에 있사오며 나의 탄식이
주 앞에 감추이지 아니하나이다
10 내 심장이 뛰고 내 기력이 쇠하여 내 눈의 빛도 나를 떠
났나이다
11 내가 사랑하는 자와 내 친구들이 내 상처를 멀리하고
내 친척들도 멀리 섰나이다
12 내 생명을 찾는 자가 올무를 놓고 나를 해하려는 자가
괴악한 일을 말하여 종일토록 음모를 꾸미오나
13 나는 못 듣는 자 같이 듣지 아니하고 말 못하는 자 같이
입을 열지 아니하오니
14 나는 듣지 못하는 자 같아서 내 입에는 반박할 말이 없
나이다
15 여호와여 내가 주를 바랐사오니 내 주 하나님이 내게
응답하시리이다
16 내가 말하기를 두렵건대 그들이 나 때문에 기뻐하며
내가 실족할 때에 나를 향하여 스스로 교만할까 하였
나이다

17 내가 넘어지게 되었고 나의 근심이 항상 내 앞에 있사
오니
18 내 죄악을 아뢰고 내 죄를 슬퍼함이니이다
19 내 원수가 활발하며 강하고 부당하게 나를 미워하는 자
가 많으며
20 또 악으로 선을 대신하는 자들이 내가 선을 따른다는
것 때문에 나를 대적하나이다
21 여호와여 나를 버리지 마소서 나의 하나님이여 나를 멀
리하지 마소서
22 속히 나를 도우소서 주 나의 구원이시여

♥ 말씀 묵상 | 1. 당신이 겪는 어려움의 무엇이 당신 탓입니까?
2. 당신이 겪는 어려움의 무엇이 다른 사람과 제도 탓입니까?

39편

요점 | 사랑과 축복을 나누기에도 짧은 인생.

1 내가 말하기를 나의 행위를 조심하여 내 혀로 범죄하지
아니하리니 악인이 내 앞에 있을 때에 내가 내 입에 재
갈을 먹이리라 하였도다
2 내가 잠잠하여 선한 말도 하지 아니하니 나의 근심이
더 심하도다
3 내 마음이 내 속에서 뜨거워서 작은 소리로 읊조릴 때

에 불이 붙으니 나의 혀로 말하기를
4 여호와여 나의 종말과 연한이 언제까지인지 알게 하사
내가 나의 연약함을 알게 하소서
5 주께서 나의 날을 한 뼘 길이만큼 되게 하시매 나의 일
생이 주 앞에는 없는 것 같사오니 사람은 그가 든든히
서 있는 때에도 진실로 모두가 허사뿐이니이다 (셀라)
6 진실로 각 사람은 그림자 같이 다니고 헛된 일로 소란
하며 재물을 쌓으나 누가 거둘는지 알지 못하나이다
7 주여 이제 내가 무엇을 바라리요 나의 소망은 주께 있
나이다
8 나를 모든 죄에서 건지시며 우매한 자에게서 욕을 당하
지 아니하게 하소서
9 내가 잠잠하고 입을 열지 아니함은 주께서 이를 행하신
까닭이니이다
10 주의 징벌을 나에게서 옮기소서 주의 손이 치심으로 내
가 쇠망하였나이다
11 주께서 죄악을 책망하사 사람을 징계하실 때에 그 영화
를 좀먹음 같이 소멸하게 하시니 참으로 인생이란 모두
헛될 뿐이니이다 (셀라)
12 여호와여 나의 기도를 들으시며 나의 부르짖음에 귀를
기울이소서 내가 눈물 흘릴 때에 잠잠하지 마옵소서 나

는 주와 함께 있는 나그네이며 나의 모든 조상들처럼
떠도나이다
13 주는 나를 용서하사 내가 떠나 없어지기 전에 나의 건
강을 회복시키소서

말씀 묵상 | 1. 당신의 인생에서 당신에게 곤경을 초래한 인물로 누구를 비난해 왔습니까?
2. 그 사람이 아니었다면 지금 당신의 인생은 어떻게 달라졌을 것이라고 믿습니까?

40편

요점 | 하나님은 우리를 구원하실 능력이 있으시다. 이 소식을 이웃과 나누자.

1 내가 여호와를 기다리고 기다렸더니 귀를 기울이사 나
의 부르짖음을 들으셨도다
2 나를 기가 막힐 웅덩이와 수렁에서 끌어올리시고 내 발
을 반석 위에 두사 내 걸음을 견고하게 하셨도다
3 새 노래 곧 우리 하나님께 올릴 찬송을 내 입에 두셨으
니 많은 사람이 보고 두려워하여 여호와를 의지하리
로다
4 여호와를 의지하고 교만한 자와 거짓에 치우치는 자를
돌아보지 아니하는 자는 복이 있도다
5 여호와 나의 하나님이여 주께서 행하신 기적이 많고 우
리를 향하신 주의 생각도 많아 누구도 주와 견줄 수가
없나이다 내가 널리 알려 말하고자 하나 너무 많아 그

수를 셀 수도 없나이다
6 주께서 내 귀를 통하여 내게 들려 주시기를 제사와 예
물을 기뻐하지 아니하시며 번제와 속죄제를 요구하지
아니하신다 하신지라
7 그 때에 내가 말하기를 내가 왔나이다 나를 가리켜 기
록한 것이 두루마리 책에 있나이다
8 나의 하나님이여 내가 주의 뜻 행하기를 즐기오니 주의
법이 나의 심중에 있나이다 하였나이다
9 내가 많은 회중 가운데에서 의의 기쁜 소식을 전하였나
이다 여호와여 내가 내 입술을 닫지 아니할 줄을 주께
서 아시나이다
10 내가 주의 공의를 내 심중에 숨기지 아니하고 주의 성
실과 구원을 선포하였으며 내가 주의 인자와 진리를 많
은 회중 가운데에서 감추지 아니하였나이다
11 여호와여 주의 긍휼을 내게서 거두지 마시고 주의 인자
와 진리로 나를 항상 보호하소서
12 수많은 재앙이 나를 둘러싸고 나의 죄악이 나를 덮치므
로 우러러볼 수도 없으며 죄가 나의 머리털보다 많으므
로 내가 낙심하였음이니이다
13 여호와여 은총을 베푸사 나를 구원하소서 여호와여 속
히 나를 도우소서

14 내 생명을 찾아 멸하려 하는 자는 다 수치와 낭패를 당
하게 하시며 나의 해를 기뻐하는 자는 다 물러가 욕을
당하게 하소서
15 나를 향하여 하하 하하 하며 조소하는 자들이 자기 수
치로 말미암아 놀라게 하소서
16 주를 찾는 자는 다 주 안에서 즐거워하고 기뻐하게 하
시며 주의 구원을 사랑하는 자는 항상 말하기를 여호와
는 위대하시다 하게 하소서
17 나는 가난하고 궁핍하오나 주께서는 나를 생각하시오
니 주는 나의 도움이요 나를 건지시는 이시라 나의 하
나님이여 지체하지 마소서

♥ 말씀 묵상 | 1. 당신에게는 언제 누구에게나 전할 수 있는 3분짜리 간증이 있습니까?
2. 하나님을 만난 후에 당신 삶에서 달라진 것은 무엇입니까?

41편

요점 | 우리는 서로 용서받고 용서하며 산다.

1 가난한 자를 보살피는 자에게 복이 있음이여 재앙의 날
에 여호와께서 그를 건지시리로다
2 여호와께서 그를 지키사 살게 하시리니 그가 이 세상에
서 복을 받을 것이라 주여 그를 그 원수들의 뜻에 맡기
지 마소서

3 여호와께서 그를 병상에서 붙드시고 그가 누워 있을 때
마다 그의 병을 고쳐 주시나이다
4 내가 말하기를 여호와여 내게 은혜를 베푸소서 내가 주
께 범죄하였사오니 나를 고치소서 하였나이다
5 나의 원수가 내게 대하여 악담하기를 그가 어느 때에나
죽고 그의 이름이 언제나 없어질까 하며
6 나를 보러 와서는 거짓을 말하고 그의 중심에 악을 쌓
았다가 나가서는 이를 널리 선포하오며
7 나를 미워하는 자가 다 하나같이 내게 대하여 수군거리
고 나를 해하려고 꾀하며
8 이르기를 악한 병이 그에게 들었으니 이제 그가 눕고
다시 일어나지 못하리라 하오며
9 내가 신뢰하여 내 떡을 나눠 먹던 나의 가까운 친구도
나를 대적하여 그의 발꿈치를 들었나이다
10 그러하오나 주 여호와여 내게 은혜를 베푸시고 나를 일
으키사 내가 그들에게 보응하게 하소서 이로써
11 내 원수가 나를 이기지 못하오니 주께서 나를 기뻐하시
는 줄을 내가 알았나이다
12 주께서 나를 온전한 중에 붙드시고 영원히 주 앞에 세
우시나이다
13 이스라엘의 하나님 여호와를 영원부터 영원까지 송축

할지로다 아멘 아멘

말씀 묵상 | 1. 내 주변의 누가 "가난한" 이들입니까?
2. 나는 그들을 어떻게 도울 수 있습니까?

시편 묵상 중간 징검다리

여기서 시편 1권이 끝난다. 시편 1-41편으로 된 이 책 1권은 "복있는 사람은 악인의 꾀를 따르지 아니하며…이스라엘의 하나님 여호와를 영원부터 영원까지 송축할지로다. 아멘. 아멘."으로 되어 있다. 악인의 꾀를 따랐다가 에덴 동산에서 쫓겨난 인류가 고난 중에 회개하며 하나님과의 관계 회복을 간절히 바라면서 드리는 기도의 시들이다. 1권에서 탄식시 유형이 주를 이루는 이유가 바로 여기에 있다.

42편

요점 | 하나님을 찾는 간절함 그리고 우리와 이미 함께 하신 하나님.

1 하나님이여 사슴이 시냇물을 찾기에 갈급함 같이 내 영
혼이 주를 찾기에 갈급하니이다
2 내 영혼이 하나님 곧 살아 계시는 하나님을 갈망하나니
내가 어느 때에 나아가서 하나님의 얼굴을 뵈올까
3 사람들이 종일 내게 하는 말이 네 하나님이 어디 있느
뇨 하오니 내 눈물이 주야로 내 음식이 되었도다
4 내가 전에 성일을 지키는 무리와 동행하여 기쁨과 감사
의 소리를 내며 그들을 하나님의 집으로 인도하였더니
이제 이 일을 기억하고 내 마음이 상하는도다

5 내 영혼아 네가 어찌하여 낙심하며 어찌하여 내 속에서
불안해 하는가 너는 하나님께 소망을 두라 그가 나타나
도우심으로 말미암아 내가 여전히 찬송하리로다
6 내 하나님이여 내 영혼이 내 속에서 낙심이 되므로 내
가 요단 땅과 헤르몬과 미살 산에서 주를 기억하나이다
7 주의 폭포 소리에 깊은 바다가 서로 부르며 주의 모든
파도와 물결이 나를 휩쓸었나이다
8 낮에는 여호와께서 그의 인자하심을 베푸시고 밤에는
그의 찬송이 내게 있어 생명의 하나님께 기도하리로다
9 내 반석이신 하나님께 말하기를 어찌하여 나를 잊으셨
나이까 내가 어찌하여 원수의 압제로 말미암아 슬프게
다니나이까 하리로다
10 내 뼈를 찌르는 칼 같이 내 대적이 나를 비방하여 늘 내
게 말하기를 네 하나님이 어디 있느냐 하도다
11 내 영혼아 네가 어찌하여 낙심하며 어찌하여 내 속에서 불
안해 하는가 너는 하나님께 소망을 두라 나는 그가 나타나
도우심으로 말미암아 내 하나님을 여전히 찬송하리로다

♥ **말씀 묵상 |** 1. 당신이 하나님을 간절히 바라는 것을 어떻게 표현할 수 있습니까?
2. 하나님이 당신에게 해 주신 일들을 기억해 내기 위해 어떤 방법을 사용합니까?

43편

요점 | 어려움 가운데서 드리는 기도 그리고 하나님의 인도하심.

1 하나님이여 나를 판단하시되 경건하지 아니한 나라에
대하여 내 송사를 변호하시며 간사하고 불의한 자에게
서 나를 건지소서
2 주는 나의 힘이 되신 하나님이시거늘 어찌하여 나를 버
리셨나이까 내가 어찌하여 원수의 억압으로 말미암아
슬프게 다니나이까
3 주의 빛과 주의 진리를 보내시어 나를 인도하시고 주의
거룩한 산과 주께서 계시는 곳에 이르게 하소서
4 그런즉 내가 하나님의 제단에 나아가 나의 큰 기쁨의
하나님께 이르리이다 하나님이여 나의 하나님이여 내
가 수금으로 주를 찬양하리이다
5 내 영혼아 네가 어찌하여 낙심하며 어찌하여 내 속에
서 불안해 하는가 너는 하나님께 소망을 두라 그가 나
타나 도우심으로 말미암아 내 하나님을 여전히 찬송하
리로다

말씀 묵상 | 1. 하나님이 나의 아버지 되심을 가장 잘 드러내 준 삶의 경험은 무엇입니까?
2. 그 경험이 삶의 어려움을 이겨 나가는 데 어떻게 도움이 되었습니까?

44편

요점 | 내 신앙의 간증은 무엇인가? 이제는 나의 간증이 있어야 할 때다.

1 하나님이여 주께서 우리 조상들의 날 곧 옛날에 행하신
일을 그들이 우리에게 일러 주매 우리가 우리 귀로 들
었나이다

2 주께서 주의 손으로 뭇 백성을 내쫓으시고 우리 조상들
을 이 땅에 뿌리 박게 하시며 주께서 다른 민족들은 고
달프게 하시고 우리 조상들은 번성하게 하셨나이다

3 그들이 자기 칼로 땅을 얻어 차지함이 아니요 그들의
팔이 그들을 구원함도 아니라 오직 주의 오른손과 주의
팔과 주의 얼굴의 빛으로 하셨으니 주께서 그들을 기뻐
하신 까닭이니이다

4 하나님이여 주는 나의 왕이시니 야곱에게 구원을 베푸
소서

5 우리가 주를 의지하여 우리 대적을 누르고 우리를 치러
일어나는 자를 주의 이름으로 밟으리이다

6 나는 내 활을 의지하지 아니할 것이라 내 칼이 나를 구
원하지 못하리이다

7 오직 주께서 우리를 우리 원수들에게서 구원하시고 우
리를 미워하는 자로 수치를 당하게 하셨나이다

8 우리가 종일 하나님을 자랑하였나이다 우리는 하나님
의 이름에 영원히 감사하리이다 (셀라)
9 그러나 이제는 주께서 우리를 버려 욕을 당하게 하시고
우리 군대와 함께 나아가지 아니하시나이다
10 주께서 우리를 대적들에게서 돌아서게 하시니 우리를
미워하는 자가 자기를 위하여 탈취하였나이다
11 주께서 우리를 잡아먹힐 양처럼 그들에게 넘겨 주시고
여러 민족 중에 우리를 흩으셨나이다
12 주께서 주의 백성을 헐값으로 파심이여 그들을 판 값으
로 이익을 얻지 못하셨나이다
13 주께서 우리로 하여금 이웃에게 욕을 당하게 하시니 그
들이 우리를 둘러싸고 조소하고 조롱하나이다
14 주께서 우리를 뭇 백성 중에 이야기 거리가 되게 하시
며 민족 중에서 머리 흔듦을 당하게 하셨나이다
15 나의 능욕이 종일 내 앞에 있으며 수치가 내 얼굴을 덮
었으니
16 나를 비방하고 욕하는 소리 때문이요 나의 원수와 나의
복수자 때문이니이다
17 이 모든 일이 우리에게 임하였으나 우리가 주를 잊지
아니하며 주의 언약을 어기지 아니하였나이다
18 우리의 마음은 위축되지 아니하고 우리 걸음도 주의 길

을 떠나지 아니하였으나
19 주께서 우리를 승냥이의 처소에 밀어 넣으시고 우리를
사망의 그늘로 덮으셨나이다
20 우리가 우리 하나님의 이름을 잊어버렸거나 우리 손을
이방 신에게 향하여 폈더면
21 하나님이 이를 알아내지 아니하셨으리이까 무릇 주는
마음의 비밀을 아시나이다
22 우리가 종일 주를 위하여 죽임을 당하게 되며 도살할
양 같이 여김을 받았나이다
23 주여 깨소서 어찌하여 주무시나이까 일어나시고 우리
를 영원히 버리지 마소서
24 어찌하여 주의 얼굴을 가리시고 우리의 고난과 압제를
잊으시나이까
25 우리 영혼은 진토 속에 파묻히고 우리 몸은 땅에 붙었
나이다
26 일어나 우리를 도우소서 주의 인자하심으로 말미암아
우리를 구원하소서

말씀 묵상 | 1. 하나님은 언제 어떤 식으로 당신을 위급한 상황에서 구해 주셨습니까?
2. 이 체험은 고난에 대한 당신의 시각을 어떻게 바꾸어 주었습니까?

45편

요점 | 왕의 결혼을 위한 축가 그리고 당신을 위한 노래.

1 내 마음이 좋은 말로 왕을 위하여 지은 것을 말하리니
내 혀는 글솜씨가 뛰어난 서기관의 붓끝과 같도다
2 왕은 사람들보다 아름다워 은혜를 입술에 머금으니 그
러므로 하나님이 왕에게 영원히 복을 주시도다
3 용사여 칼을 허리에 차고 왕의 영화와 위엄을 입으소서
4 왕은 진리와 온유와 공의를 위하여 왕의 위엄을 세우시
고 병거에 오르소서 왕의 오른손이 왕에게 놀라운 일을
가르치리이다
5 왕의 화살은 날카로워 왕의 원수의 염통을 뚫으니 만민
이 왕의 앞에 엎드러지는도다
6 하나님이여 주의 보좌는 영원하며 주의 나라의 규는 공
평한 규이니이다
7 왕은 정의를 사랑하고 악을 미워하시니 그러므로 하나
님 곧 왕의 하나님이 즐거움의 기름을 왕에게 부어 왕
의 동료보다 뛰어나게 하셨나이다
8 왕의 모든 옷은 몰약과 침향과 육계의 향기가 있으며
상아궁에서 나오는 현악은 왕을 즐겁게 하도다
9 왕이 가까이 하는 여인들 중에는 왕들의 딸이 있으며

왕후는 오빌의 금으로 꾸미고 왕의 오른쪽에 서도다
10 딸이여 듣고 보고 귀를 기울일지어다 네 백성과 네 아
버지의 집을 잊어버릴지어다
11 그리하면 왕이 네 아름다움을 사모하실지라 그는 네 주
인이시니 너는 그를 경배할지어다
12 두로의 딸은 예물을 드리고 백성 중 부한 자도 네 얼굴
보기를 원하리로다
13 왕의 딸은 궁중에서 모든 영화를 누리니 그의 옷은 금
으로 수 놓았도다
14 수 놓은 옷을 입은 그는 왕께로 인도함을 받으며 시종
하는 친구 처녀들도 왕께로 이끌려 갈 것이라
15 그들은 기쁨과 즐거움으로 인도함을 받고 왕궁에 들어
가리로다
16 왕의 아들들은 왕의 조상들을 계승할 것이라 왕이 그들
로 온 세계의 군왕을 삼으리로다
17 내가 왕의 이름을 만세에 기억하게 하리니 그러므로 만
민이 왕을 영원히 찬송하리로다

♥ **말씀 묵상** | 1. 당신은 언제 당신이 참으로 귀중한 존재라고 느낍니까?
2. 그런 느낌을 가질 때 당신의 삶에서 무엇이 달라졌습니까?

46편

요점 | 온도조절계와 같은 사람 그리고 완전한 보호와 기쁨.

1 하나님은 우리의 피난처시요 힘이시니 환난 중에 만날
큰 도움이시라
2 그러므로 땅이 변하든지 산이 흔들려 바다 가운데에 빠
지든지
3 바닷물이 솟아나고 뛰놀든지 그것이 넘침으로 산이 흔
들릴지라도 우리는 두려워하지 아니하리로다 (셀라)
4 한 시내가 있어 나뉘어 흘러 하나님의 성 곧 지존하신
이의 성소를 기쁘게 하도다
5 하나님이 그 성 중에 계시매 성이 흔들리지 아니할 것
이라 새벽에 하나님이 도우시리로다
6 뭇 나라가 떠들며 왕국이 흔들렸더니 그가 소리를 내시
매 땅이 녹았도다
7 만군의 여호와께서 우리와 함께 하시니 야곱의 하나님
은 우리의 피난처시로다 (셀라)
8 와서 여호와의 행적을 볼지어다 그가 땅을 황무지로 만
드셨도다
9 그가 땅 끝까지 전쟁을 쉬게 하심이여 활을 꺾고 창을
끊으며 수레를 불사르시는도다

10 이르시기를 너희는 가만히 있어 내가 하나님 됨을 알지
어다 내가 뭇 나라 중에서 높임을 받으리라 내가 세계
중에서 높임을 받으리라 하시도다
11 만군의 여호와께서 우리와 함께 하시니 야곱의 하나님
은 우리의 피난처시로다 (셀라)

♥ 말씀 묵상 | 1. 당신은 어디서 평안을 찾았습니까?
2. 당신이 찾은 그 평안과 기쁨을 누구와 나누고 싶습니까?

47편

요점 | 하나님은 하나님이시다. 하나님께 영광을 돌리자.

1 너희 만민들아 손바닥을 치고 즐거운 소리로 하나님께
외칠지어다
2 지존하신 여호와는 두려우시고 온 땅에 큰 왕이 되심이
로다
3 여호와께서 만민을 우리에게, 나라들을 우리 발 아래에
복종하게 하시며
4 우리를 위하여 기업을 택하시나니 곧 사랑하신 야곱의
영화로다 (셀라)
5 하나님께서 즐거운 함성 중에 올라가심이여 여호와께
서 나팔 소리 중에 올라가시도다
6 찬송하라 하나님을 찬송하라 찬송하라 우리 왕을 찬송

하라

7 하나님은 온 땅의 왕이심이라 지혜의 시로 찬송할지
어다

8 하나님이 뭇 백성을 다스리시며 하나님이 그의 거룩한
보좌에 앉으셨도다

9 뭇 나라의 고관들이 모임이여 아브라함의 하나님의 백
성이 되도다 세상의 모든 방패는 하나님의 것임이여 그
는 높임을 받으시리로다

♥ 말씀 묵상 | 1. 당신은 살면서 무엇이 가장 보람있고 자랑스럽습니까?
2. 그 일을 이루는 데 하나님은 어떤 식으로 인도하셨습니까?

48편

요점 | 하나님과 함께 하는 도시와 하나님이 그 도시에 거하시는 이유.

1 여호와는 위대하시니 우리 하나님의 성, 거룩한 산에서
극진히 찬양 받으시리로다

2 터가 높고 아름다워 온 세계가 즐거워함이여 큰 왕의
성 곧 북방에 있는 시온 산이 그러하도다

3 하나님이 그 여러 궁중에서 자기를 요새로 알리셨도다

4 왕들이 모여서 함께 지나갔음이여

5 그들이 보고 놀라고 두려워 빨리 지나갔도다

6 거기서 떨림이 그들을 사로잡으니 고통이 해산하는 여

인의 고통 같도다

7 주께서 동풍으로 다시스의 배를 깨뜨리시도다

8 우리가 들은 대로 만군의 여호와의 성, 우리 하나님의
성에서 보았나니 하나님이 이를 영원히 견고하게 하시
리로다 (셀라)

9 하나님이여 우리가 주의 전 가운데에서 주의 인자하심
을 생각하였나이다

10 하나님이여 주의 이름과 같이 찬송도 땅 끝까지 미쳤으
며 주의 오른손에는 정의가 충만하였나이다

11 주의 심판으로 말미암아 시온 산은 기뻐하고 유다의 딸
들은 즐거워할지어다

12 너희는 시온을 돌면서 그 곳을 둘러보고 그 망대들을
세어 보라

13 그의 성벽을 자세히 보고 그의 궁전을 살펴서 후대에
전하라

14 이 하나님은 영원히 우리 하나님이시니 그가 우리를 죽
을 때까지 인도하시리로다

♥ **말씀 묵상 |** 1. 당신이 사는 도시, 마을, 동네를 하나님이 거하시는 곳이라고 부를 이유는 무엇입니까?
2. 만약 그렇게 부를 수 없다면 어떻게 해야 하나님이 돌아오실 것이라고 믿습니까?

49편

요점 | 믿음의 유익과 재물의 한계.

1 뭇 백성들아 이를 들으라 세상의 거민들아 모두 귀를
기울이라
2 귀천 빈부를 막론하고 다 들을지어다
3 내 입은 지혜를 말하겠고 내 마음은 명철을 작은 소리
로 읊조리리로다
4 내가 비유에 내 귀를 기울이고 수금으로 나의 오묘한
말을 풀리로다
5 죄악이 나를 따라다니며 나를 에워싸는 환난의 날을 내
가 어찌 두려워하랴
6 자기의 재물을 의지하고 부유함을 자랑하는 자는
7 아무도 자기의 형제를 구원하지 못하며 그를 위한 속전
을 하나님께 바치지도 못할 것은
8 그들의 생명을 속량하는 값이 너무 엄청나서 영원히 마
련하지 못할 것임이니라
9 그가 영원히 살아서 죽음을 보지 않을 것인가
10 그러나 그는 지혜 있는 자도 죽고 어리석고 무지한 자
도 함께 망하며 그들의 재물은 남에게 남겨 두고 떠나
는 것을 보게 되리로다

11 그러나 그들의 속 생각에 그들의 집은 영원히 있고 그
들의 거처는 대대에 이르리라 하여 그들의 토지를 자기
이름으로 부르도다
12 사람은 존귀하나 장구하지 못함이여 멸망하는 짐승 같
도다
13 이것이 바로 어리석은 자들의 길이며 그들의 말을 기뻐
하는 자들의 종말이로다 (셀라)
14 그들은 양 같이 스올에 두기로 작정되었으니 사망이 그
들의 목자일 것이라 정직한 자들이 아침에 그들을 다스
리리니 그들의 아름다움은 소멸하고 스올이 그들의 거
처가 되리라
15 그러나 하나님은 나를 영접하시리니 이러므로 내 영혼
을 스올의 권세에서 건져내시리로다 (셀라)
16 사람이 치부하여 그의 집의 영광이 더할 때에 너는 두
려워하지 말지어다
17 그가 죽으매 가져가는 것이 없고 그의 영광이 그를 따
라 내려가지 못함이로다
18 그가 비록 생시에 자기를 축하하며 스스로 좋게 함으로
사람들에게 칭찬을 받을지라도
19 그들은 그들의 역대 조상들에게로 돌아가리니 영원히
빛을 보지 못하리로다

20 존귀하나 깨닫지 못하는 사람은 멸망하는 짐승 같도다

말씀 묵상 | 1. 당신이 죽은 후에도 영원히 남을 것은 무엇이라고 생각합니까?
2. 영원하지 않은 것들을 소중히 여겨야 되는 이유는 무엇입니까?

50편

요점 | 받으실 만한 제물과 그 제물을 드리는 법.

1 전능하신 이 여호와 하나님께서 말씀하사 해 돋는 데서
부터 지는 데까지 세상을 부르셨도다
2 온전히 아름다운 시온에서 하나님이 빛을 비추셨도다
3 우리 하나님이 오사 잠잠하지 아니하시니 그 앞에는 삼
키는 불이 있고 그 사방에는 광풍이 불리로다
4 하나님이 자기의 백성을 판결하시려고 위 하늘과 아래
땅에 선포하여
5 이르시되 나의 성도들을 내 앞에 모으라 그들은 제사로
나와 언약한 이들이니라 하시도다
6 하늘이 그의 공의를 선포하리니 하나님 그는 심판장이
심이로다 (셀라)
7 내 백성아 들을지어다 내가 말하리라 이스라엘아 내가
네게 증언하리라 나는 하나님 곧 네 하나님이로다
8 나는 네 제물 때문에 너를 책망하지는 아니하리니 네
번제가 항상 내 앞에 있음이로다

9 내가 네 집에서 수소나 네 우리에서 숫염소를 가져가지
아니하리니
10 이는 삼림의 짐승들과 뭇 산의 가축이 다 내 것이며
11 산의 모든 새들도 내가 아는 것이며 들의 짐승도 내 것
임이로다
12 내가 가령 주려도 네게 이르지 아니할 것은 세계와 거
기에 충만한 것이 내 것임이로다
13 내가 수소의 고기를 먹으며 염소의 피를 마시겠느냐
14 감사로 하나님께 제사를 드리며 지존하신 이에게 네 서
원을 갚으며
15 환난 날에 나를 부르라 내가 너를 건지리니 네가 나를
영화롭게 하리로다
16 악인에게는 하나님이 이르시되 네가 어찌하여 내 율례
를 전하며 내 언약을 네 입에 두느냐
17 네가 교훈을 미워하고 내 말을 네 뒤로 던지며
18 도둑을 본즉 그와 연합하고 간음하는 자들과 동료가
되며
19 네 입을 악에게 내어 주고 네 혀로 거짓을 꾸미며
20 앉아서 네 형제를 공박하며 네 어머니의 아들을 비방하
는도다
21 네가 이 일을 행하여도 내가 잠잠하였더니 네가 나를

너와 같은 줄로 생각하였도다 그러나 내가 너를 책망하
여 네 죄를 네 눈 앞에 낱낱이 드러내리라 하시는도다
22 하나님을 잊어버린 너희여 이제 이를 생각하라 그렇지
아니하면 내가 너희를 찢으리니 건질 자 없으리라
23 감사로 제사를 드리는 자가 나를 영화롭게 하나니 그
의 행위를 옳게 하는 자에게 내가 하나님의 구원을 보
이리라

말씀 묵상 | 1. 당신은 얼마나 자주 하나님에게 받으실 만한 예물을 드리십니까?
2. 그 예물을 드림으로 달라진 행동이나 습관은 무엇입니까?

51편

요점 | 하나님이 주신 회개의 기회는 지금이다.

1 하나님이여 주의 인자를 따라 내게 은혜를 베푸시며 주
의 많은 긍휼을 따라 내 죄악을 지워 주소서
2 나의 죄악을 말갛게 씻으시며 나의 죄를 깨끗이 제하
소서
3 무릇 나는 내 죄과를 아오니 내 죄가 항상 내 앞에 있나
이다
4 내가 주께만 범죄하여 주의 목전에 악을 행하였사오니
주께서 말씀하실 때에 의로우시다 하고 주께서 심판하

실 때에 순전하시다 하리이다
5 내가 죄악 중에서 출생하였음이여 어머니가 죄 중에서
나를 잉태하였나이다
6 보소서 주께서는 중심이 진실함을 원하시오니 내게 지
혜를 은밀히 가르치시리이다
7 우슬초로 나를 정결하게 하소서 내가 정하리이다 나의
죄를 씻어 주소서 내가 눈보다 희리이다
8 내게 즐겁고 기쁜 소리를 들려 주시사 주께서 꺾으신
뼈들도 즐거워하게 하소서
9 주의 얼굴을 내 죄에서 돌이키시고 내 모든 죄악을 지
워 주소서
10 하나님이여 내 속에 정한 마음을 창조하시고 내 안에
정직한 영을 새롭게 하소서
11 나를 주 앞에서 쫓아내지 마시며 주의 성령을 내게서
거두지 마소서
12 주의 구원의 즐거움을 내게 회복시켜 주시고 자원하는
심령을 주사 나를 붙드소서
13 그리하면 내가 범죄자에게 주의 도를 가르치리니 죄인
들이 주께 돌아오리이다
14 하나님이여 나의 구원의 하나님이여 피 흘린 죄에서 나
를 건지소서 내 혀가 주의 의를 높이 노래하리이다

15 주여 내 입술을 열어 주소서 내 입이 주를 찬송하여 전
파하리이다
16 주께서는 제사를 기뻐하지 아니하시나니 그렇지 아니
하면 내가 드렸을 것이라 주는 번제를 기뻐하지 아니하
시나이다
17 하나님께서 구하시는 제사는 상한 심령이라 하나님이
여 상하고 통회하는 마음을 주께서 멸시하지 아니하시
리이다
18 주의 은택으로 시온에 선을 행하시고 예루살렘 성을 쌓
으소서
19 그 때에 주께서 의로운 제사와 번제와 온전한 번제를
기뻐하시리니 그 때에 그들이 수소를 주의 제단에 드리
리이다

♥ 말씀 묵상 | 1. 내가 늘 회개하는 죄악된 행위와 습관의 뿌리는 무엇입니까?
2. 그 뿌리를 뽑기 위해서 하나님이 내려 주시는 은혜를 받아들일 수단은 무엇입니까?

52편

요점 | 속이는 영 그리고 참된 감사를 드리는 의로운 영.

1 포악한 자여 네가 어찌하여 악한 계획을 스스로 자랑하
는가 하나님의 인자하심은 항상 있도다
2 네 혀가 심한 악을 꾀하여 날카로운 삭도 같이 간사를

행하는도다

3 네가 선보다 악을 사랑하며 의를 말함보다 거짓을 사랑
하는도다 (셀라)

4 간사한 혀여 너는 남을 해치는 모든 말을 좋아하는도다

5 그런즉 하나님이 영원히 너를 멸하심이여 너를 붙잡아
네 장막에서 뽑아 내며 살아 있는 땅에서 네 뿌리를 빼
시리로다 (셀라)

6 의인이 보고 두려워하며 또 그를 비웃어 말하기를

7 이 사람은 하나님을 자기 힘으로 삼지 아니하고 오직
자기 재물의 풍부함을 의지하며 자기의 악으로 스스로
든든하게 하던 자라 하리로다

8 그러나 나는 하나님의 집에 있는 푸른 감람나무 같음이
여 하나님의 인자하심을 영원히 의지하리로다

9 주께서 이를 행하셨으므로 내가 영원히 주께 감사하고
주의 이름이 선하시므로 주의 성도 앞에서 내가 주의
이름을 사모하리이다

♥ **말씀 묵상** | 1. 아직 회개하지 않고 돌이키지 않은 죄악된 행동이나 말은 무엇입니까?
2. 언제 회개할 것입니까?

53편

요점 | 지혜란 무엇인가? 하나님을 두려워하는 마음을 갖자.

1 어리석은 자는 그의 마음에 이르기를 하나님이 없다 하
도다 그들은 부패하며 가증한 악을 행함이여 선을 행하
는 자가 없도다
2 하나님이 하늘에서 인생을 굽어살피사 지각이 있는 자
와 하나님을 찾는 자가 있는가 보려 하신즉
3 각기 물러가 함께 더러운 자가 되고 선을 행하는 자 없
으니 한 사람도 없도다
4 죄악을 행하는 자들은 무지하냐 그들이 떡 먹듯이 내
백성을 먹으면서 하나님을 부르지 아니하는도다
5 그들이 두려움이 없는 곳에서 크게 두려워하였으니 너
를 대항하여 진 친 그들의 뼈를 하나님이 흩으심이라
하나님이 그들을 버리셨으므로 네가 그들에게 수치를
당하게 하였도다
6 시온에서 이스라엘을 구원하여 줄 자 누구인가 하나님
이 자기 백성의 포로된 것을 돌이키실 때에 야곱이 즐
거워하며 이스라엘이 기뻐하리로다

말씀 묵상 | 1. 당신의 행동 중에 하나님이 보고 있음을 알 때 그렇게 할 수 없었을 행동은 무엇이 있습니까?
2. 당신의 그런 행동에 대해 하나님은 어떻게 행동하셨습니까?

54편

요점 | 하나님의 구원은 이미 다윗에게 너무 확실한 현실이었다.

1 하나님이여 주의 이름으로 나를 구원하시고 주의 힘으
로 나를 변호하소서
2 하나님이여 내 기도를 들으시며 내 입의 말에 귀를 기
울이소서
3 낯선 자들이 일어나 나를 치고 포악한 자들이 나의 생
명을 수색하며 하나님을 자기 앞에 두지 아니하였음이
니이다 (셀라)
4 하나님은 나를 돕는 이시며 주께서는 내 생명을 붙들어
주시는 이시니이다
5 주께서는 내 원수에게 악으로 갚으시리니 주의 성실하
심으로 그들을 멸하소서
6 내가 낙헌제로 주께 제사하리이다 여호와여 주의 이름
에 감사하오리니 주의 이름이 선하심이니이다
7 참으로 주께서는 모든 환난에서 나를 건지시고 내 원수
가 보응 받는 것을 내 눈이 똑똑히 보게 하셨나이다

말씀 묵상 | 1. 당신은 하나님이 나를 구원하신다는 확신을 가지고 어려움을 헤쳐 나간 경험이 있습니까?
2. 당신은 그 확신을 언제 어떤 식으로 다른 사람들에게 전하였습니까?

55편

요점 | 때로 인생은 괴롭다! 우리를 해치는 이들은 적이 아닌 친구들이다.

1 하나님이여 내 기도에 귀를 기울이시고 내가 간구할 때
에 숨지 마소서
2 내게 굽히사 응답하소서 내가 근심으로 편하지 못하여
탄식하오니
3 이는 원수의 소리와 악인의 압제 때문이라 그들이 죄악
을 내게 더하며 노하여 나를 핍박하나이다
4 내 마음이 내 속에서 심히 아파하며 사망의 위험이 내
게 이르렀도다
5 두려움과 떨림이 내게 이르고 공포가 나를 덮었도다
6 나는 말하기를 만일 내게 비둘기 같이 날개가 있다면
날아가서 편히 쉬리로다
7 내가 멀리 날아가서 광야에 머무르리로다 (셀라)
8 내가 나의 피난처로 속히 가서 폭풍과 광풍을 피하리라
하였도다
9 내가 성내에서 강포와 분쟁을 보았사오니 주여 그들을
멸하소서 그들의 혀를 잘라 버리소서
10 그들이 주야로 성벽 위에 두루 다니니 성 중에는 죄악
과 재난이 있으며

11 악독이 그 중에 있고 압박과 속임수가 그 거리를 떠나
지 아니하도다
12 나를 책망하는 자는 원수가 아니라 원수일진대 내가 참
았으리라 나를 대하여 자기를 높이는 자는 나를 미워
하는 자가 아니라 미워하는 자일진대 내가 그를 피하여
숨었으리라
13 그는 곧 너로다 나의 동료, 나의 친구요 나의 가까운 친
우로다
14 우리가 같이 재미있게 의논하며 무리와 함께 하여 하나
님의 집 안에서 다녔도다
15 사망이 갑자기 그들에게 임하여 산 채로 스올에 내려갈
지어다 이는 악독이 그들의 거처에 있고 그들 가운데에
있음이로다
16 나는 하나님께 부르짖으리니 여호와께서 나를 구원하
시리로다
17 저녁과 아침과 정오에 내가 근심하여 탄식하리니 여호
와께서 내 소리를 들으시리로다
18 나를 대적하는 자 많더니 나를 치는 전쟁에서 그가 내
생명을 구원하사 평안하게 하셨도다
19 옛부터 계시는 하나님이 들으시고 그들을 낮추시리이
다 (셀라) 그들은 변하지 아니하며 하나님을 경외하지 아

니함이니이다

20 그는 손을 들어 자기와 화목한 자를 치고 그의 언약을
배반하였도다

21 그의 입은 우유 기름보다 미끄러우나 그의 마음은 전쟁
이요 그의 말은 기름보다 유하나 실상은 뽑힌 칼이로다

22 네 짐을 여호와께 맡기라 그가 너를 붙드시고 의인의
요동함을 영원히 허락하지 아니하시리로다

23 하나님이여 주께서 그들로 파멸의 웅덩이에 빠지게 하
시리이다 피를 흘리게 하며 속이는 자들은 그들의 날의
반도 살지 못할 것이나 나는 주를 의지하리이다

♥ 말씀 묵상 | 1. 당신은 친구나 믿던 이들이 당신을 배신했을 때 어떻게 반응하였습니까?
2. 그 반응 속에서 하나님은 어떤 역할을 하셨습니까?

56편

요점 | 살아남기 위해 미친 척해 보았는가? 우리는 하나님을 신뢰한다.

1 하나님이여 내게 은혜를 베푸소서 사람이 나를 삼키려
고 종일 치며 압제하나이다

2 내 원수가 종일 나를 삼키려 하며 나를 교만하게 치는
자들이 많사오니

3 내가 두려워하는 날에는 내가 주를 의지하리이다

4 내가 하나님을 의지하고 그 말씀을 찬송하올지라 내가

하나님을 의지하였은즉 두려워하지 아니하리니 혈육을
가진 사람이 내게 어찌하리이까
5 그들이 종일 내 말을 곡해하며 나를 치는 그들의 모든
생각은 사악이라
6 그들이 내 생명을 엿보았던 것과 같이 또 모여 숨어 내
발자취를 지켜보나이다
7 그들이 악을 행하고야 안전하오리이까 하나님이여 분
노하사 뭇 백성을 낮추소서
8 나의 유리함을 주께서 계수하셨사오니 나의 눈물을 주
의 병에 담으소서 이것이 주의 책에 기록되지 아니하였
나이까
9 내가 아뢰는 날에 내 원수들이 물러가리니 이것으로 하
나님이 내 편이심을 내가 아나이다
10 내가 하나님을 의지하여 그의 말씀을 찬송하며 여호와
를 의지하여 그의 말씀을 찬송하리이다
11 내가 하나님을 의지하였은즉 두려워하지 아니하리니
사람이 내게 어찌하리이까
12 하나님이여 내가 주께 서원함이 있사온즉 내가 감사제
를 주께 드리리니
13 주께서 내 생명을 사망에서 건지셨음이라 주께서 나로
하나님 앞, 생명의 빛에 다니게 하시려고 실족하지 아

니하게 하지 아니하셨나이까

말씀 묵상 | 1. 하나님을 믿는 사람에게도 어려움이 닥친다면 하나님을 믿는 유익이 무엇입니까?
2. 하나님은 '고통에서 면제되는 것'을 약속하지 않고 '동행'을 약속하셨다고들 말하는데 하나님이 동행한다는 것이 당신에게는 어떤 의미를 가집니까?

57편

요점 | 왜 우리는 삶에서 고난을 필요로 하는가? 열방 가운데서 하나님을 찬양한다.

1 하나님이여 내게 은혜를 베푸소서 내게 은혜를 베푸소
서 내 영혼이 주께로 피하되 주의 날개 그늘 아래에서
이 재앙들이 지나기까지 피하리이다
2 내가 지존하신 하나님께 부르짖음이여 곧 나를 위하여
모든 것을 이루시는 하나님께로다
3 그가 하늘에서 보내사 나를 삼키려는 자의 비방에서 나
를 구원하실지라 (셀라) 하나님이 그의 인자와 진리를 보
내시리로다
4 내 영혼이 사자들 가운데에서 살며 내가 불사르는 자들
중에 누웠으니 곧 사람의 아들들 중에라 그들의 이는
창과 화살이요 그들의 혀는 날카로운 칼 같도다
5 하나님이여 주는 하늘 위에 높이 들리시며 주의 영광이
온 세계 위에 높아지기를 원하나이다
6 그들이 내 걸음을 막으려고 그물을 준비하였으니 내 영
혼이 억울하도다 그들이 내 앞에 웅덩이를 팠으나 자기

들이 그 중에 빠졌도다 (셀라)

7 하나님이여 내 마음이 확정되었고 내 마음이 확정되었
사오니 내가 노래하고 내가 찬송하리이다

8 내 영광아 깰지어다 비파야, 수금아, 깰지어다 내가 새
벽을 깨우리로다

9 주여 내가 만민 중에서 주께 감사하오며 뭇 나라 중에
서 주를 찬송하리이다

10 무릇 주의 인자는 커서 하늘에 미치고 주의 진리는 궁
창에 이르나이다

11 하나님이여 주는 하늘 위에 높이 들리시며 주의 영광이
온 세계 위에 높아지기를 원하나이다

말씀 묵상 | 1. 당신은 하나님의 성품이 어떠하다고 믿습니까?
2. 하나님과 당신의 관계를 가장 잘 묘사하는 단어는 무엇입니까?

58편

요점 | 스스로 원수를 갚지 마라! 우리는 악을 대할 때 침묵해야 하나?

1 통치자들아 너희가 정의를 말해야 하거늘 어찌 잠잠하
냐 인자들아 너희가 올바르게 판결해야 하거늘 어찌 잠
잠하냐

2 아직도 너희가 중심에 악을 행하며 땅에서 너희 손으로
폭력을 달아 주는도다

3 악인은 모태에서부터 멀어졌음이여 나면서부터 곁길로
나아가 거짓을 말하는도다
4 그들의 독은 뱀의 독 같으며 그들은 귀를 막은 귀머거
리 독사 같으니
5 술사의 홀리는 소리도 듣지 않고 능숙한 술객의 요술도
따르지 아니하는 독사로다
6 하나님이여 그들의 입에서 이를 꺾으소서 여호와여 젊
은 사자의 어금니를 꺾어 내시며
7 그들이 급히 흐르는 물 같이 사라지게 하시며 겨누는
화살이 꺾임 같게 하시며
8 소멸하여 가는 달팽이 같게 하시며 만삭 되지 못하여
출생한 아이가 햇빛을 보지 못함 같게 하소서
9 가시나무 불이 가마를 뜨겁게 하기 전에 생나무든지 불
붙는 나무든지 강한 바람으로 휩쓸려가게 하소서
10 의인이 악인의 보복 당함을 보고 기뻐함이여 그의 발을
악인의 피에 씻으리로다
11 그 때에 사람의 말이 진실로 의인에게 갚음이 있고 진
실로 땅에서 심판하시는 하나님이 계시다 하리로다

♥ 말씀 묵상 | 1. 당신을 분노하게 만드는 것은 무엇입니까?
2. 당신은 그 일에 대해서 어떤 행동을 취하였는가?

59편

요점 | 당신을 죽이려고 당신을 따라다니는 사람이 있는가? 우리의 기도가 끊이지 말아야 한다.

1 나의 하나님이여 나의 원수에게서 나를 건지시고 일어
나 치려는 자에게서 나를 높이 드소서
2 악을 행하는 자에게서 나를 건지시고 피 흘리기를 즐기
는 자에게서 나를 구원하소서
3 그들이 나의 생명을 해하려고 엎드려 기다리고 강한 자
들이 모여 나를 치려 하오니 여호와여 이는 나의 잘못
으로 말미암음이 아니요 나의 죄로 말미암음도 아니로
소이다
4 내가 허물이 없으나 그들이 달려와서 스스로 준비하오
니 주여 나를 도우시기 위하여 깨어 살펴 주소서
5 주님은 만군의 하나님 여호와, 이스라엘의 하나님이시
오니 일어나 모든 나라들을 벌하소서 악을 행하는 모든
자들에게 은혜를 베풀지 마소서 (셀라)
6 그들이 저물어 돌아와서 개처럼 울며 성으로 두루 다
니고
7 그들의 입으로는 악을 토하며 그들의 입술에는 칼이 있
어 이르기를 누가 들으리요 하나이다
8 여호와여 주께서 그들을 비웃으시며 모든 나라들을 조

롱하시리이다
9 하나님은 나의 요새이시니 그의 힘으로 말미암아 내가
주를 바라리이다
10 나의 하나님이 그의 인자하심으로 나를 영접하시며 하나
님이 나의 원수가 보응 받는 것을 내가 보게 하시리이다
11 그들을 죽이지 마옵소서 나의 백성이 잊을까 하나이다
우리 방패 되신 주여 주의 능력으로 그들을 흩으시고
낮추소서
12 그들의 입술의 말은 곧 그들의 입의 죄라 그들이 말하
는 저주와 거짓말로 말미암아 그들이 그 교만한 중에서
사로잡히게 하소서
13 진노하심으로 소멸하시되 없어지기까지 소멸하사 하
나님이 야곱 중에서 다스리심을 땅 끝까지 알게 하소서
(셀라)
14 그들에게 저물어 돌아와서 개처럼 울며 성으로 두루 다
니게 하소서
15 그들은 먹을 것을 찾아 유리하다가 배부름을 얻지 못하
면 밤을 새우려니와
16 나는 주의 힘을 노래하며 아침에 주의 인자하심을 높이
부르오리니 주는 나의 요새이시며 나의 환난 날에 피난
처심이니이다

17 나의 힘이시여 내가 주께 찬송하오리니 하나님은 나의
요새이시며 나를 긍휼히 여기시는 하나님이심이니이다

말씀 묵상 | 1. 하나님을 믿다가는 망하겠다는 생각이 들 정도로 심한 악인을 경험한 적이 있습니까?
2. 그 악인은 현재 어떻게 되었습니까?

60편

요점 | 우리가 패배한 것은 하나님이 우리를 거절하셨기 때문이다.

1 하나님이여 주께서 우리를 버려 흩으셨고 분노하셨사
오나 지금은 우리를 회복시키소서
2 주께서 땅을 진동시키사 갈라지게 하셨사오니 그 틈을
기우소서 땅이 흔들림이니이다
3 주께서 주의 백성에게 어려움을 보이시고 비틀거리게
하는 포도주를 우리에게 마시게 하셨나이다
4 주를 경외하는 자에게 깃발을 주시고 진리를 위하여 달
게 하셨나이다 (셀라)
5 주께서 사랑하시는 자를 건지시기 위하여 주의 오른손
으로 구원하시고 응답하소서
6 하나님이 그의 거룩하심으로 말씀하시되 내가 뛰놀리
라 내가 세겜을 나누며 숙곳 골짜기를 측량하리라
7 길르앗이 내 것이요 므낫세도 내 것이며 에브라임은 내
머리의 투구요 유다는 나의 규이며

8 모압은 나의 목욕통이라 에돔에는 나의 신발을 던지리
라 블레셋아 나로 말미암아 외치라 하셨도다
9 누가 나를 이끌어 견고한 성에 들이며 누가 나를 에돔
에 인도할까
10 하나님이여 주께서 우리를 버리지 아니하셨나이까 하
나님이여 주께서 우리 군대와 함께 나아가지 아니하시
나이다
11 우리를 도와 대적을 치게 하소서 사람의 구원은 헛됨이
니이다
12 우리가 하나님을 의지하고 용감하게 행하리니 그는 우
리의 대적을 밟으실 이심이로다

♥ 말씀 묵상 | 1. 당신의 삶에서 가장 비참한 패배는 무엇이었습니까?
2. 그때 당신은 그 패배에 어떻게 반응하고 무슨 행동을 했습니까?

61편

요점 | 병들었을 때 우리는 불안하게 느낀다. 그러나 하나님께서 우리를 다시 구원하실 것이다.

1 하나님이여 나의 부르짖음을 들으시며 내 기도에 유의
하소서
2 내 마음이 약해 질 때에 땅 끝에서부터 주께 부르짖으
오리니 나보다 높은 바위에 나를 인도하소서
3 주는 나의 피난처시요 원수를 피하는 견고한 망대이심

이니이다

4 내가 영원히 주의 장막에 머물며 내가 주의 날개 아래로 피하리이다 (셀라)

5 주 하나님이여 주께서 나의 서원을 들으시고 주의 이름을 경외하는 자가 얻을 기업을 내게 주셨나이다

6 주께서 왕에게 장수하게 하사 그의 나이가 여러 대에 미치게 하시리이다

7 그가 영원히 하나님 앞에서 거주하리니 인자와 진리를 예비하사 그를 보호하소서

8 그리하시면 내가 주의 이름을 영원히 찬양하며 매일 나의 서원을 이행하리이다

♥ **말씀 묵상 |** 1. 죽을 병에 걸린 친구들이나 가족들은 어떤 신앙적인 어려움을 겪습니까?
2. 그들에게 어떤 말이나 행동이 신앙적으로 가장 도움이 되었습니까?

62편

요점 | 하나님은 나를 어떻게 생각하실까? 하나님은 나에게 평안을 주신다.

1 나의 영혼이 잠잠히 하나님만 바람이여 나의 구원이 그에게서 나오는도다

2 오직 그만이 나의 반석이시요 나의 구원이시요 나의 요새이시니 내가 크게 흔들리지 아니하리로다

3 넘어지는 담과 흔들리는 울타리 같이 사람을 죽이려고

너희가 일제히 공격하기를 언제까지 하려느냐
4 그들이 그를 그의 높은 자리에서 떨어뜨리기만 꾀하고 거짓
을 즐겨 하니 입으로는 축복이요 속으로는 저주로다 (셀라)
5 나의 영혼아 잠잠히 하나님만 바라라 무릇 나의 소망이
그로부터 나오는도다
6 오직 그만이 나의 반석이시요 나의 구원이시요 나의 요
새이시니 내가 흔들리지 아니하리로다
7 나의 구원과 영광이 하나님께 있음이여 내 힘의 반석과
피난처도 하나님께 있도다
8 백성들아 시시로 그를 의지하고 그의 앞에 마음을 토하
라 하나님은 우리의 피난처시로다 (셀라)
9 아, 슬프도다 사람은 입김이며 인생도 속임수이니 저울
에 달면 그들은 입김보다 가벼우리로다
10 포악을 의지하지 말며 탈취한 것으로 허망하여지지 말
며 재물이 늘어도 거기에 마음을 두지 말지어다
11 하나님이 한두 번 하신 말씀을 내가 들었나니 권능은
하나님께 속하였다 하셨도다
12 주여 인자함은 주께 속하오니 주께서 각 사람이 행한
대로 갚으심이니이다

♥ **말씀 묵상** | 1. 당신은 살면서 누구의 비위를 맞추는 데 많은 시간을 보냈습니까?
2. 그의 마음을 만족하게 한 것이 당신과 하나님의 관계를 강화하는 데 어떻게 영향을 미쳤습니까?

63편

요점 | 당신은 인생의 광야를 경험하였는가? 창조주 하나님께 초점을 맞추자.

1 하나님이여 주는 나의 하나님이시라 내가 간절히 주를
찾되 물이 없어 마르고 황폐한 땅에서 내 영혼이 주를
갈망하며 내 육체가 주를 앙모하나이다
2 내가 주의 권능과 영광을 보기 위하여 이와 같이 성소
에서 주를 바라보았나이다
3 주의 인자하심이 생명보다 나으므로 내 입술이 주를 찬
양할 것이라
4 이러므로 나의 평생에 주를 송축하며 주의 이름으로 말
미암아 나의 손을 들리이다
5 골수와 기름진 것을 먹음과 같이 나의 영혼이 만족할
것이라 나의 입이 기쁜 입술로 주를 찬송하되
6 내가 나의 침상에서 주를 기억하며 새벽에 주의 말씀을
작은 소리로 읊조릴 때에 하오리니
7 주는 나의 도움이 되셨음이라 내가 주의 날개 그늘에서
즐겁게 부르리이다
8 나의 영혼이 주를 가까이 따르니 주의 오른손이 나를
붙드시거니와
9 나의 영혼을 찾아 멸하려 하는 그들은 땅 깊은 곳에 들

어가며

10 칼의 세력에 넘겨져 승냥이의 먹이가 되리이다

11 왕은 하나님을 즐거워하리니 주께 맹세한 자마다 자랑
할 것이나 거짓말하는 자의 입은 막히리로다

말씀 묵상 | 1. 당신은 누구의 비판을 받는 것을 제일 싫어합니까?
2. 그의 비판을 피하기 위해서 심지어 어떤 일까지 했습니까?

64편

요점 | 믿음은 현실을 뚫고 그 너머를 본다!

1 하나님이여 내가 근심하는 소리를 들으시고 원수의 두
려움에서 나의 생명을 보존하소서

2 주는 악을 꾀하는 자들의 음모에서 나를 숨겨 주시고
악을 행하는 자들의 소동에서 나를 감추어 주소서

3 그들이 칼 같이 자기 혀를 연마하며 화살 같이 독한 말
로 겨누고

4 숨은 곳에서 온전한 자를 쏘며 갑자기 쏘고 두려워하지
아니하는도다

5 그들은 악한 목적으로 서로 격려하며 남몰래 올무 놓
기를 함께 의논하고 하는 말이 누가 우리를 보리요 하
며

6 그들은 죄악을 꾸미며 이르기를 우리가 묘책을 찾았다

하나니 각 사람의 속 뜻과 마음이 깊도다
7 그러나 하나님이 그들을 쏘시리니 그들이 갑자기 화살
에 상하리로다
8 이러므로 그들이 엎드러지리니 그들의 혀가 그들을 해
함이라 그들을 보는 자가 다 머리를 흔들리로다
9 모든 사람이 두려워하여 하나님의 일을 선포하며 그의
행하심을 깊이 생각하리로다
10 의인은 여호와로 말미암아 즐거워하며 그에게 피하리
니 마음이 정직한 자는 다 자랑하리로다

♥ 말씀 묵상 | 1. 기도를 한 후에도 계속 불안해 하는 일들로 당신은 무엇을 들 수 있습니까?
2. 그렇게 기도를 한 후에도 불안해 하는 마음을 달래기 위해 무엇이 도움이 되었습니까?

65편

요점 | 우리 하나님은 창조주시며 우주를 통치하시는 분이다.

1 하나님이여 찬송이 시온에서 주를 기다리오며 사람이
서원을 주께 이행하리이다
2 기도를 들으시는 주여 모든 육체가 주께 나아오리이다
3 죄악이 나를 이겼사오니 우리의 허물을 주께서 사하시
리이다
4 주께서 택하시고 가까이 오게 하사 주의 뜰에 살게 하
신 사람은 복이 있나이다 우리가 주의 집 곧 주의 성전

의 아름다움으로 만족하리이다
5 우리 구원의 하나님이시여 땅의 모든 끝과 먼 바다에
있는 자가 의지할 주께서 의를 따라 엄위하신 일로 우
리에게 응답하시리이다
6 주는 주의 힘으로 산을 세우시며 권능으로 띠를 띠시며
7 바다의 설렘과 물결의 흔들림과 만민의 소요까지 진정
하시나이다
8 땅 끝에 사는 자가 주의 징조를 두려워하나이다 주께서
아침 되는 것과 저녁 되는 것을 즐거워하게 하시며
9 땅을 돌보사 물을 대어 심히 윤택하게 하시며 하나님의
강에 물이 가득하게 하시고 이같이 땅을 예비하신 후에
그들에게 곡식을 주시나이다
10 주께서 밭고랑에 물을 넉넉히 대사 그 이랑을 평평하게
하시며 또 단비로 부드럽게 하시고 그 싹에 복을 주시
나이다
11 주의 은택으로 한 해를 관 씌우시니 주의 길에는 기름
방울이 떨어지며
12 들의 초장에도 떨어지니 작은 산들이 기쁨으로 띠를 띠
었나이다
13 초장은 양 떼로 옷 입었고 골짜기는 곡식으로 덮였으매
그들이 다 즐거이 외치고 또 노래하나이다

말씀 묵상 | 1. 당신이 자랑스럽게 생각하는 업적은 무엇입니까?
2. 하나님은 그 일에 얼마나 공헌하셨습니까?

66편

요점 | 우리가 받은 축복을 세어보면 하나님을 찬양하고 싶어진다!

1 온 땅이여 하나님께 즐거운 소리를 낼지어다
2 그의 이름의 영광을 찬양하고 영화롭게 찬송할지어다
3 하나님께 아뢰기를 주의 일이 어찌 그리 엄위하신지요
주의 큰 권능으로 말미암아 주의 원수가 주께 복종할
것이며
4 온 땅이 주께 경배하고 주를 노래하며 주의 이름을 노
래하리이다 할지어다 (셀라)
5 와서 하나님께서 행하신 것을 보라 사람의 아들들에게
행하심이 엄위하시도다
6 하나님이 바다를 변하여 육지가 되게 하셨으므로 무리
가 걸어서 강을 건너고 우리가 거기서 주로 말미암아
기뻐하였도다
7 그가 그의 능력으로 영원히 다스리시며 그의 눈으로 나
라들을 살피시나니 거역하는 자들은 교만하지 말지어
다 (셀라)
8 만민들아 우리 하나님을 송축하며 그의 찬양 소리를 들

리게 할지어다

9 그는 우리 영혼을 살려 두시고 우리의 실족함을 허락하
지 아니하시는 주시로다

10 하나님이여 주께서 우리를 시험하시되 우리를 단련하
시기를 은을 단련함 같이 하셨으며

11 우리를 끌어 그물에 걸리게 하시며 어려운 짐을 우리
허리에 매어 두셨으며

12 사람들이 우리 머리를 타고 가게 하셨나이다 우리가 불
과 물을 통과하였더니 주께서 우리를 끌어내사 풍부한
곳에 들이셨나이다

13 내가 번제물을 가지고 주의 집에 들어가서 나의 서원을
주께 갚으리니

14 이는 내 입술이 낸 것이요 내 환난 때에 내 입이 말한 것
이니이다

15 내가 숫양의 향기와 함께 살진 것으로 주께 번제를 드
리며 수소와 염소를 드리리이다 (셀라)

16 하나님을 두려워하는 너희들아 다 와서 들으라 하나
님이 나의 영혼을 위하여 행하신 일을 내가 선포하리
로다

17 내가 나의 입으로 그에게 부르짖으며 나의 혀로 높이
찬송하였도다

18 내가 나의 마음에 죄악을 품었더라면 주께서 듣지 아니
하시리라
19 그러나 하나님이 실로 들으셨음이여 내 기도 소리에 귀
를 기울이셨도다
20 하나님을 찬송하리로다 그가 내 기도를 물리치지 아
니하시고 그의 인자하심을 내게서 거두지도 아니하셨
도다

♥ **말씀 묵상** | 1. 지난 일년 동안 가장 큰 어려움은 무엇이었습니까?
2. 그 어려움을 통해서 당신의 영혼의 어떤 면이 성장하였습니까?

67편

요점 | 하나님은 단지 우리나라만의 하나님이 아니시다! 믿음을 서로 나누자.

1 하나님은 우리에게 은혜를 베푸사 복을 주시고 그의 얼
굴 빛을 우리에게 비추사 (셀라)
2 주의 도를 땅 위에, 주의 구원을 모든 나라에게 알리
소서
3 하나님이여 민족들이 주를 찬송하게 하시며 모든 민족
들이 주를 찬송하게 하소서
4 온 백성은 기쁘고 즐겁게 노래할지니 주는 민족들을 공
평히 심판하시며 땅 위의 나라들을 다스리실 것임이니
이다 (셀라)

5 하나님이여 민족들이 주를 찬송하게 하시며 모든 민족
으로 주를 찬송하게 하소서
6 땅이 그의 소산을 내어 주었으니 하나님 곧 우리 하나
님이 우리에게 복을 주시리로다
7 하나님이 우리에게 복을 주시리니 땅의 모든 끝이 하나
님을 경외하리로다

말씀 묵상 | 1. 당신은 해외 선교를 어떤 식으로 지원하고 있습니까?
2. 당신이 지원한 해외 선교의 열매로는 무엇이 있습니까?

68편

요점 | 당신은 하나님을 찬양하는 시를 한 페이지 이상 쓸 수 있는가? 찬양을 계속 이어가자.

1 하나님이 일어나시니 원수들은 흩어지며 주를 미워하
는 자들은 주 앞에서 도망하리이다
2 연기가 불려 가듯이 그들을 몰아내소서 불 앞에서 밀이
녹음 같이 악인이 하나님 앞에서 망하게 하소서
3 의인은 기뻐하여 하나님 앞에서 뛰놀며 기뻐하고 즐거
워할지어다
4 하나님께 노래하며 그의 이름을 찬양하라 하늘을 타고
광야에 행하시던 이를 위하여 대로를 수축하라 그의 이
름은 여호와이시니 그의 앞에서 뛰놀지어다
5 그의 거룩한 처소에 계신 하나님은 고아의 아버지시며

과부의 재판장이시라
6 하나님이 고독한 자들은 가족과 함께 살게 하시며 갇힌
자들은 이끌어 내사 형통하게 하시느니라 오직 거역하
는 자들의 거처는 메마른 땅이로다
7 하나님이여 주의 백성 앞에서 앞서 나가사 광야에서 행
진하셨을 때에 (셀라)
8 땅이 진동하며 하늘이 하나님 앞에서 떨어지며 저 시내
산도 하나님 곧 이스라엘의 하나님 앞에서 진동하였나
이다
9 하나님이여 주께서 흡족한 비를 보내사 주의 기업이 곤
핍할 때에 주께서 그것을 견고하게 하셨고
10 주의 회중을 그 가운데에 살게 하셨나이다 하나님이
여 주께서 가난한 자를 위하여 주의 은택을 준비하셨
나이다
11 주께서 말씀을 주시니 소식을 공포하는 여자들은 큰 무
리라
12 여러 군대의 왕들이 도망하고 도망하니 집에 있던 여자
들도 탈취물을 나누도다
13 너희가 양 우리에 누울 때에는 그 날개를 은으로 입히
고 그 깃을 황금으로 입힌 비둘기 같도다
14 전능하신 이가 왕들을 그 중에서 흩으실 때에는 살몬에

눈이 날림 같도다
15 바산의 산은 하나님의 산임이여 바산의 산은 높은 산이
로다
16 너희 높은 산들아 어찌하여 하나님이 계시려 하는 산을
시기하여 보느냐 진실로 여호와께서 이 산에 영원히 계
시리로다
17 하나님의 병거는 천천이요 만만이라 주께서 그 중에 계
심이 시내 산 성소에 계심 같도다
18 주께서 높은 곳으로 오르시며 사로잡은 자들을 취하시
고 선물들을 사람들에게서 받으시며 반역자들로부터도
받으시니 여호와 하나님이 그들과 함께 계시기 때문이
로다
19 날마다 우리 짐을 지시는 주 곧 우리의 구원이신 하나
님을 찬송할지로다 (셀라)
20 하나님은 우리에게 구원의 하나님이시라 사망에서 벗
어남은 주 여호와로 말미암거니와
21 그의 원수들의 머리 곧 죄를 짓고 다니는 자의 정수리
는 하나님이 쳐서 깨뜨리시리로다
22 주께서 말씀하시기를 내가 그들을 바산에서 돌아오게
하며 바다 깊은 곳에서 도로 나오게 하고
23 네가 그들을 심히 치고 그들의 피에 네 발을 잠그게 하

며 네 집의 개의 혀로 네 원수들에게서 제 분깃을 얻게
하리라 하시도다
24 하나님이여 그들이 주께서 행차하심을 보았으니 곧 나
의 하나님, 나의 왕이 성소로 행차하시는 것이라
25 소고 치는 처녀들 중에서 노래 부르는 자들은 앞서고
악기를 연주하는 자들은 뒤따르나이다
26 이스라엘의 근원에서 나온 너희여 대회 중에 하나님 곧
주를 송축할지어다
27 거기에는 그들을 주관하는 작은 베냐민과 유다의 고관
과 그들의 무리와 스불론의 고관과 납달리의 고관이 있
도다
28 네 하나님이 너의 힘을 명령하셨도다 하나님이여 우리
를 위하여 행하신 것을 견고하게 하소서
29 예루살렘에 있는 주의 전을 위하여 왕들이 주께 예물을
드리리이다
30 갈밭의 들짐승과 수소의 무리와 만민의 송아지를 꾸짖
으시고 은 조각을 발 아래에 밟으소서 그가 전쟁을 즐
기는 백성을 흩으셨도다
31 고관들은 애굽에서 나오고 구스인은 하나님을 향하여
그 손을 신속히 들리로다
32 땅의 왕국들아 하나님께 노래하고 주께 찬송할지어다

(셀라)
33 옛적 하늘들의 하늘을 타신 자에게 찬송하라 주께서 그
소리를 내시니 웅장한 소리로다
34 너희는 하나님께 능력을 돌릴지어다 그의 위엄이 이스
라엘 위에 있고 그의 능력이 구름 속에 있도다
35 하나님이여 위엄을 성소에서 나타내시나이다 이스라엘
의 하나님은 그의 백성에게 힘과 능력을 주시나니 하나
님을 찬송할지어다

♥ **말씀 묵상** | 1. 당신의 일상 생활 속에서 하나님은 어떻게 찬양받으실 수 있습니까?
2. 당신의 공동체 안에서 하나님은 어떻게 찬양받으실 수 있습니까?

69편

요점 | 하나님은 왜 우리를 구원하셔야 하는가? 이제 능력을 보여달라고 기도하자.

1 하나님이여 나를 구원하소서 물들이 내 영혼에까지 흘
러 들어왔나이다
2 나는 설 곳이 없는 깊은 수렁에 빠지며 깊은 물에 들어
가니 큰 물이 내게 넘치나이다
3 내가 부르짖음으로 피곤하여 나의 목이 마르며 나의 하
나님을 바라서 나의 눈이 쇠하였나이다
4 까닭 없이 나를 미워하는 자가 나의 머리털보다 많고
부당하게 나의 원수가 되어 나를 끊으려 하는 자가 강

하였으니 내가 빼앗지 아니한 것도 물어 주게 되었나
이다
5 하나님이여 주는 나의 우매함을 아시오니 나의 죄가 주
앞에서 숨김이 없나이다
6 주 만군의 여호와여 주를 바라는 자들이 나를 인하여
수치를 당하게 하지 마옵소서 이스라엘의 하나님이여
주를 찾는 자가 나로 말미암아 욕을 당하게 하지 마옵
소서
7 내가 주를 위하여 비방을 받았사오니 수치가 나의 얼굴
에 덮였나이다
8 내가 나의 형제에게는 객이 되고 나의 어머니의 자녀에
게는 낯선 사람이 되었나이다
9 주의 집을 위하는 열성이 나를 삼키고 주를 비방하는
비방이 내게 미쳤나이다
10 내가 곡하고 금식하였더니 그것이 도리어 나의 욕이 되
었으며
11 내가 굵은 베로 내 옷을 삼았더니 내가 그들의 말거리
가 되었나이다
12 성문에 앉은 자가 나를 비난하며 독주에 취한 무리가
나를 두고 노래하나이다
13 여호와여 나를 반기시는 때에 내가 주께 기도하오니

하나님이여 많은 인자와 구원의 진리로 내게 응답하
소서
14 나를 수렁에서 건지사 빠지지 말게 하시고 나를 미워하
는 자에게서와 깊은 물에서 건지소서
15 큰 물이 나를 휩쓸거나 깊음이 나를 삼키지 못하게 하
시며 웅덩이가 내 위에 덮쳐 그것의 입을 닫지 못하게
하소서
16 여호와여 주의 인자하심이 선하시오니 내게 응답하시
며 주의 많은 긍휼에 따라 내게로 돌이키소서
17 주의 얼굴을 주의 종에게서 숨기지 마소서 내가 환난
중에 있사오니 속히 내게 응답하소서
18 내 영혼에게 가까이하사 구원하시며 내 원수로 말미암
아 나를 속량하소서
19 주께서 나의 비방과 수치와 능욕을 아시나이다 나의 대
적자들이 다 주님 앞에 있나이다
20 비방이 나의 마음을 상하게 하여 근심이 충만하니 불쌍
히 여길 자를 바라나 없고 긍휼히 여길 자를 바라나 찾
지 못하였나이다
21 그들이 쓸개를 나의 음식물로 주며 목마를 때에는 초를
마시게 하였사오니
22 그들의 밥상이 올무가 되게 하시며 그들의 평안이 덫이

되게 하소서
23 그들의 눈이 어두워 보지 못하게 하시며 그들의 허리가
항상 떨리게 하소서
24 주의 분노를 그들의 위에 부으시며 주의 맹렬하신 노가
그들에게 미치게 하소서
25 그들의 거처가 황폐하게 하시며 그들의 장막에 사는 자
가 없게 하소서
26 무릇 그들이 주께서 치신 자를 핍박하며 주께서 상하게
하신 자의 슬픔을 말하였사오니
27 그들의 죄악에 죄악을 더하사 주의 공의에 들어오지 못
하게 하소서
28 그들을 생명책에서 지우사 의인들과 함께 기록되지 말
게 하소서
29 오직 나는 가난하고 슬프오니 하나님이여 주의 구원으
로 나를 높이소서
30 내가 노래로 하나님의 이름을 찬송하며 감사함으로 하
나님을 위대하시다 하리니
31 이것이 소 곧 뿔과 굽이 있는 황소를 드림보다 여호와
를 더욱 기쁘시게 함이 될 것이라
32 곤고한 자가 이를 보고 기뻐하나니 하나님을 찾는 너희
들아 너희 마음을 소생하게 할지어다

33 여호와는 궁핍한 자의 소리를 들으시며 자기로 말미암
아 갇힌 자를 멸시하지 아니하시나니
34 천지가 그를 찬송할 것이요 바다와 그 중의 모든 생물
도 그리할지로다
35 하나님이 시온을 구원하시고 유다 성읍들을 건설하시
리니 무리가 거기에 살며 소유를 삼으리로다
36 그의 종들의 후손이 또한 이를 상속하고 그의 이름을
사랑하는 자가 그 중에 살리로다

♥ 말씀 묵상 | 1. 가정이나 사회에서 믿음을 지키기 위해서 당한 조롱으로는 어떤 것들이 있습니까?
2. 그런 조롱과 핍박 가운데 경험한 하나님의 능력과 돌보심은 어떤 것이었습니까?

70편

요점 | 우리는 복수를 믿지 않는다. 신뢰했던 지도자들이 타락하면?

1 하나님이여 나를 건지소서 여호와여 속히 나를 도우
소서
2 나의 영혼을 찾는 자들이 수치와 무안을 당하게 하시며
나의 상함을 기뻐하는 자들이 뒤로 물러가 수모를 당하
게 하소서
3 아하, 아하 하는 자들이 자기 수치로 말미암아 뒤로 물
러가게 하소서
4 주를 찾는 모든 자들이 주로 말미암아 기뻐하고 즐거워

하게 하시며 주의 구원을 사랑하는 자들이 항상 말하기
를 하나님은 위대하시다 하게 하소서
5 나는 가난하고 궁핍하오니 하나님이여 속히 내게 임하
소서 주는 나의 도움이시요 나를 건지시는 이시오니 여
호와여 지체하지 마소서

말씀 묵상 | 1. 당신이 나서서 바로잡고 싶은 일로는 어떤 것들이 있습니까?
2. 그것을 바로잡기 위해서 당신이 사용하려고 하는 수단들은 무엇입니까?

71편

요점 | 젊을 때는 마치 하나님의 보호가 필요하지 않을 것처럼 느낀다. 겸손히 찬양하자.

1 여호와여 내가 주께 피하오니 내가 영원히 수치를 당하
게 하지 마소서
2 주의 의로 나를 건지시며 나를 풀어 주시며 주의 귀를
내게 기울이사 나를 구원하소서
3 주는 내가 항상 피하여 숨을 바위가 되소서 주께서 나
를 구원하라 명령하셨으니 이는 주께서 나의 반석이시
요 나의 요새이심이니이다
4 나의 하나님이여 나를 악인의 손 곧 불의한 자와 흉악
한 자의 장중에서 피하게 하소서
5 주 여호와여 주는 나의 소망이시요 내가 어릴 때부터
신뢰한 이시라

6 내가 모태에서부터 주를 의지하였으며 나의 어머니의
배에서부터 주께서 나를 택하셨사오니 나는 항상 주를
찬송하리이다
7 나는 무리에게 이상한 징조 같이 되었사오나 주는 나의
견고한 피난처시오니
8 주를 찬송함과 주께 영광 돌림이 종일토록 내 입에 가
득하리이다
9 늙을 때에 나를 버리지 마시며 내 힘이 쇠약할 때에 나
를 떠나지 마소서
10 내 원수들이 내게 대하여 말하며 내 영혼을 엿보는 자
들이 서로 꾀하여
11 이르기를 하나님이 그를 버리셨은즉 따라 잡으라 건질
자가 없다 하오니
12 하나님이여 나를 멀리 하지 마소서 나의 하나님이여 속
히 나를 도우소서
13 내 영혼을 대적하는 자들이 수치와 멸망을 당하게 하시
며 나를 모해하려 하는 자들에게는 욕과 수욕이 덮이게
하소서
14 나는 항상 소망을 품고 주를 더욱더욱 찬송하리이다
15 내가 측량할 수 없는 주의 공의와 구원을 내 입으로 종
일 전하리이다

16 내가 주 여호와의 능하신 행적을 가지고 오겠사오며 주
의 공의만 전하겠나이다
17 하나님이여 나를 어려서부터 교훈하셨으므로 내가 지
금까지 주의 기이한 일들을 전하였나이다
18 하나님이여 내가 늙어 백발이 될 때에도 나를 버리지
마시며 내가 주의 힘을 후대에 전하고 주의 능력을 장
래의 모든 사람에게 전하기까지 나를 버리지 마소서
19 하나님이여 주의 의가 또한 지극히 높으시니이다 하나
님이여 주께서 큰 일을 행하셨사오니 누가 주와 같으리
이까
20 우리에게 여러 가지 심한 고난을 보이신 주께서 우리
를 다시 살리시며 땅 깊은 곳에서 다시 이끌어 올리시
리이다
21 나를 더욱 창대하게 하시고 돌이키사 나를 위로하소서
22 나의 하나님이여 내가 또 비파로 주를 찬양하며 주의
성실을 찬양하리이다 이스라엘의 거룩하신 주여 내가
수금으로 주를 찬양하리이다
23 내가 주를 찬양할 때에 나의 입술이 기뻐 외치며 주께
서 속량하신 내 영혼이 즐거워하리이다
24 나의 혀도 종일토록 주의 의를 작은 소리로 읊조리오
리니 나를 모해하려 하던 자들이 수치와 무안을 당함

이니이다

말씀 묵상 | 1. 나이가 들수록 당신에게서 더 성숙해지는 영적인 자산은 무엇입니까?
2. 젊어서는 무시했던 일들 중에서 나이가 들수록 더 귀해지는 것은 무엇입니까?

72편

요점 | 모든 일들은 의로움과 정의로 시작해서 하나님 찬양으로 마무리된다.

1 하나님이여 주의 판단력을 왕에게 주시고 주의 공의를
왕의 아들에게 주소서
2 그가 주의 백성을 공의로 재판하며 주의 가난한 자를
정의로 재판하리니
3 의로 말미암아 산들이 백성에게 평강을 주며 작은 산들
도 그리하리로다
4 그가 가난한 백성의 억울함을 풀어 주며 궁핍한 자의
자손을 구원하며 압박하는 자를 꺾으리로다
5 그들이 해가 있을 동안에도 주를 두려워하며 달이 있을
동안에도 대대로 그리하리로다
6 그는 벤 풀 위에 내리는 비 같이, 땅을 적시는 소낙비 같
이 내리리니
7 그의 날에 의인이 흥왕하여 평강의 풍성함이 달이 다할
때까지 이르리로다
8 그가 바다에서부터 바다까지와 강에서부터 땅 끝까지

다스리리니
9 광야에 사는 자는 그 앞에 굽히며 그의 원수들은 티끌
을 핥을 것이며
10 다시스와 섬의 왕들이 조공을 바치며 스바와 시바 왕들
이 예물을 드리리로다
11 모든 왕이 그의 앞에 부복하며 모든 민족이 다 그를 섬
기리로다
12 그는 궁핍한 자가 부르짖을 때에 건지며 도움이 없는
가난한 자도 건지며
13 그는 가난한 자와 궁핍한 자를 불쌍히 여기며 궁핍한
자의 생명을 구원하며
14 그들의 생명을 압박과 강포에서 구원하리니 그들의 피
가 그의 눈 앞에서 존귀히 여김을 받으리로다
15 그들이 생존하여 스바의 금을 그에게 드리며 사람들이
그를 위하여 항상 기도하고 종일 찬송하리로다
16 산 꼭대기의 땅에도 곡식이 풍성하고 그것의 열매가 레
바논 같이 흔들리며 성에 있는 자가 땅의 풀 같이 왕성
하리로다
17 그의 이름이 영구함이여 그의 이름이 해와 같이 장구하
리로다 사람들이 그로 말미암아 복을 받으리니 모든 민
족이 다 그를 복되다 하리로다

18 홀로 기이한 일들을 행하시는 여호와 하나님 곧 이스라
엘의 하나님을 찬송하며
19 그 영화로운 이름을 영원히 찬송할지어다 온 땅에 그의
영광이 충만할지어다 아멘 아멘
20 이새의 아들 다윗의 기도가 끝나니라

♥ 말씀 묵상 | 1. 자녀들을 위한 당신의 기도는 무엇입니까?
2. 육신의 자녀가 없다면 영적인 자녀들인 차세대를 위한 당신의 기도는 무엇입니까?

시편 묵상 중간 징검다리

시편 1권은 하나님의 말씀을 따르는 자는 번성하고 하나님에게 순종하지 않는 자는 멸망할 것이라는 분명한 원리를 가지고 시작하였다. 그러나 시편 41편까지 가는 동안 많은 일들이 벌어졌다. 시인은 병이 들었다. 그래도 시인의 믿음은 흔들리지 않았고 여전히 1권이 끝날 때까지 확신을 가지고 기도하였다.

2권은 하나님에 대한 갈망과 불안과 좌절의 느낌을 가지고 시작했다. 시인은 여전히 믿음을 지키고 있지만 자신의 믿음이 오르락내리락하는 것을 감추지 않는다. 그러고는 시인의 자녀를 위한 기도로 마감한다. 비록 자신의 회복을 확신할 수 없는 때에도 여전히 믿음을 지키면서 자기 자녀를 위해 기도한 것이다.

이제 3권(시편 73-89편)은 다음과 같은 내용으로 시작된다: "나는 내 삶에서 경험하는 현실 때문에 거의 믿음을 잃어버릴 뻔했다."

73편

요점 | 내가 내 삶에서 경험하는 현실은 내 믿음과는 모순된다!

1 하나님이 참으로 이스라엘 중 마음이 정결한 자에게 선
을 행하시나

2 나는 거의 넘어질 뻔하였고 나의 걸음이 미끄러질 뻔하
였으니
3 이는 내가 악인의 형통함을 보고 오만한 자를 질투하였
음이로다
4 그들은 죽을 때에도 고통이 없고 그 힘이 강건하며
5 사람들이 당하는 고난이 그들에게는 없고 사람들이 당
하는 재앙도 그들에게는 없나니
6 그러므로 교만이 그들의 목걸이요 강포가 그들의 옷
이며
7 살찜으로 그들의 눈이 솟아나며 그들의 소득은 마음의
소원보다 많으며
8 그들은 능욕하며 악하게 말하며 높은 데서 거만하게 말
하며
9 그들의 입은 하늘에 두고 그들의 혀는 땅에 두루 다니
도다
10 그러므로 그의 백성이 이리로 돌아와서 잔에 가득한 물
을 다 마시며
11 말하기를 하나님이 어찌 알랴 지존자에게 지식이 있으
랴 하는도다
12 볼지어다 이들은 악인들이라도 항상 평안하고 재물은
더욱 불어나도다

13 내가 내 마음을 깨끗하게 하며 내 손을 씻어 무죄하다
한 것이 실로 헛되도다
14 나는 종일 재난을 당하며 아침마다 징벌을 받았도다
15 내가 만일 스스로 이르기를 내가 그들처럼 말하리라 하
였더라면 나는 주의 아들들의 세대에 대하여 악행을 행
하였으리이다
16 내가 어쩌면 이를 알까 하여 생각한즉 그것이 내게 심
한 고통이 되었더니
17 하나님의 성소에 들어갈 때에야 그들의 종말을 내가 깨
달았나이다
18 주께서 참으로 그들을 미끄러운 곳에 두시며 파멸에 던
지시니
19 그들이 어찌하여 그리 갑자기 황폐되었는가 놀랄 정도
로 그들은 전멸하였나이다
20 주여 사람이 깬 후에는 꿈을 무시함 같이 주께서 깨신
후에는 그들의 형상을 멸시하시리이다
21 내 마음이 산란하며 내 양심이 찔렸나이다
22 내가 이같이 우매 무지함으로 주 앞에 짐승이오나
23 내가 항상 주와 함께 하니 주께서 내 오른손을 붙드셨
나이다
24 주의 교훈으로 나를 인도하시고 후에는 영광으로 나를

영접하시리니
25 하늘에서는 주 외에 누가 내게 있으리요 땅에서는 주
밖에 내가 사모할 이 없나이다
26 내 육체와 마음은 쇠약하나 하나님은 내 마음의 반석이
시요 영원한 분깃이시라
27 무릇 주를 멀리하는 자는 망하리니 음녀 같이 주를 떠
난 자를 주께서 다 멸하셨나이다
28 하나님께 가까이 함이 내게 복이라 내가 주 여호와
를 나의 피난처로 삼아 주의 모든 행적을 전파하리
이다

♥ 말씀 묵상 | 1. 당신은 무엇 때문에 시험에 들곤 했습니까?
2. 당신을 시험에 들게 하는 그 문제들은 당신의 "삶의 우선 순위"에 대해서 무엇을 말해 줍니까?

74편

요점 | 성전도 무너질 수 있다! 그러나 하나님은 여전히 강력하시다.

1 하나님이여 주께서 어찌하여 우리를 영원히 버리시나
이까 어찌하여 주께서 기르시는 양을 향하여 진노의 연
기를 뿜으시나이까
2 옛적부터 얻으시고 속량하사 주의 기업의 지파로 삼으
신 주의 회중을 기억하시며 주께서 계시던 시온 산도
생각하소서

3 영구히 파멸된 곳을 향하여 주의 발을 옮겨 놓으소서
원수가 성소에서 모든 악을 행하였나이다
4 주의 대적이 주의 회중 가운데에서 떠들며 자기들의 깃
발을 세워 표적으로 삼았으니
5 그들은 마치 도끼를 들어 삼림을 베는 사람 같으니이다
6 이제 그들이 도끼와 철퇴로 성소의 모든 조각품을 쳐서
부수고
7 주의 성소를 불사르며 주의 이름이 계신 곳을 더럽혀
땅에 엎었나이다
8 그들이 마음속으로 이르기를 우리가 그들을 진멸하자
하고 이 땅에 있는 하나님의 모든 회당을 불살랐나이다
9 우리의 표적은 보이지 아니하며 선지자도 더 이상 없으
며 이런 일이 얼마나 오랠는지 우리 중에 아는 자도 없
나이다
10 하나님이여 대적이 언제까지 비방하겠으며 원수가 주
의 이름을 영원히 능욕하리이까
11 주께서 어찌하여 주의 손 곧 주의 오른손을 거두시나이
까 주의 품에서 손을 빼내시어 그들을 멸하소서
12 하나님은 예로부터 나의 왕이시라 사람에게 구원을 베
푸셨나이다
13 주께서 주의 능력으로 바다를 나누시고 물 가운데 용들

의 머리를 깨뜨리셨으며
14 리워야단의 머리를 부수시고 그것을 사막에 사는 자에
게 음식물로 주셨으며
15 주께서 바위를 쪼개어 큰 물을 내시며 주께서 늘 흐르
는 강들을 마르게 하셨나이다
16 낮도 주의 것이요 밤도 주의 것이라 주께서 빛과 해를
마련하셨으며
17 주께서 땅의 경계를 정하시며 주께서 여름과 겨울을 만
드셨나이다
18 여호와여 이것을 기억하소서 원수가 주를 비방하며 우
매한 백성이 주의 이름을 능욕하였나이다
19 주의 멧비둘기의 생명을 들짐승에게 주지 마시며 주의
가난한 자의 목숨을 영원히 잊지 마소서
20 그 언약을 눈여겨 보소서 무릇 땅의 어두운 곳에 포악
한 자의 처소가 가득하나이다
21 학대 받은 자가 부끄러이 돌아가게 하지 마시고 가난한
자와 궁핍한 자가 주의 이름을 찬송하게 하소서
22 하나님이여 일어나 주의 원통함을 푸시고 우매한 자가
종일 주를 비방하는 것을 기억하소서
23 주의 대적들의 소리를 잊지 마소서 일어나 주께 항거하
는 자의 떠드는 소리가 항상 주께 상달되나이다

말씀 묵상 | 1. 당신에게 닥친 어려움이 당신의 죄 때문임이 확실했던 경험은 언제 하였습니까?
2. 당신에게 닥친 어려움이 당신의 죄와는 전혀 상관이 없다는 확신을 가진 때는 언제였습니까?

75편

요점 | 살아계신 하나님을 찬양할 이유가 있다.

1 하나님이여 우리가 주께 감사하고 감사함은 주의 이름
이 가까움이라 사람들이 주의 기이한 일들을 전파하나
이다
2 주의 말씀이 내가 정한 기약이 이르면 내가 바르게 심
판하리니
3 땅의 기둥은 내가 세웠거니와 땅과 그 모든 주민이 소
멸되리라 하시도다 (셀라)
4 내가 오만한 자들에게 오만하게 행하지 말라 하며 악인
들에게 뿔을 들지 말라 하였노니
5 너희 뿔을 높이 들지 말며 교만한 목으로 말하지 말지
어다
6 무릇 높이는 일이 동쪽에서나 서쪽에서 말미암지 아니
하며 남쪽에서도 말미암지 아니하고
7 오직 재판장이신 하나님이 이를 낮추시고 저를 높이시
느니라
8 여호와의 손에 잔이 있어 술 거품이 일어나는도다 속

에 섞은 것이 가득한 그 잔을 하나님이 쏟아 내시나니
실로 그 찌꺼기까지도 땅의 모든 악인이 기울여 마시
리로다
9 나는 야곱의 하나님을 영원히 선포하며 찬양하며
10 또 악인들의 뿔을 다 베고 의인의 뿔은 높이 들리로다

♥ 말씀 묵상 | 1. 다른 이들이 하나님이 살아계신 것을 어떻게 확신하느냐고 하면 당신은 무엇이라고 대답하겠습니까?
2. 당신이 마음에 원하는 것이 하나님이 원하시는 것과 같다는 것을 어떻게 확신합니까?

76편

요점 | 하나님은 사람들을 심판하신다. 하나님을 찬양하고 예물을 드리자.

1 하나님은 유다에 알려지셨으며 그의 이름이 이스라엘
에 크시도다
2 그의 장막은 살렘에 있음이여 그의 처소는 시온에 있
도다
3 거기에서 그가 화살과 방패와 칼과 전쟁을 없이하셨도
다 (셀라)
4 주는 약탈한 산에서 영화로우시며 존귀하시도다
5 마음이 강한 자도 가진 것을 빼앗기고 잠에 빠질 것이
며 장사들도 모두 그들에게 도움을 줄 손을 만날 수 없
도다
6 야곱의 하나님이여 주께서 꾸짖으시매 병거와 말이 다

깊이 잠들었나이다

7 주께서는 경외 받을 이시니 주께서 한 번 노하실 때에
누가 주의 목전에 서리이까

8 주께서 하늘에서 판결을 선포하시매 땅이 두려워 잠잠
하였나니

9 곧 하나님이 땅의 모든 온유한 자를 구원하시려고 심판
하러 일어나신 때에로다 (셀라)

10 진실로 사람의 노여움은 주를 찬송하게 될 것이요 그
남은 노여움은 주께서 금하시리이다

11 너희는 여호와 너희 하나님께 서원하고 갚으라 사방에
있는 모든 사람도 마땅히 경외할 이에게 예물을 드릴지
로다

12 그가 고관들의 기를 꺾으시리니 그는 세상의 왕들에게
두려움이시로다

말씀 묵상 | 1. 하나님의 심판이 이미 인류 역사 속에 시작되었음을 당신은 어디서 보았습니까?
2. 하나님의 심판이 아직도 현실화되어야 할 영역이 당신에게 있어서는 어디라고 생각합니까?

77편

요점 | 때로 우리는 하나님이 멀리 계시다고 느낀다.

1 내가 내 음성으로 하나님께 부르짖으리니 내 음성으로
하나님께 부르짖으면 내게 귀를 기울이시리로다

2 나의 환난 날에 내가 주를 찾았으며 밤에는 내 손을 들
고 거두지 아니하였나니 내 영혼이 위로 받기를 거절하
였도다
3 내가 하나님을 기억하고 불안하여 근심하니 내 심령이
상하도다 (셀라)
4 주께서 내가 눈을 붙이지 못하게 하시니 내가 괴로워
말할 수 없나이다
5 내가 옛날 곧 지나간 세월을 생각하였사오며
6 밤에 부른 노래를 내가 기억하여 내 심령으로, 내가 내
마음으로 간구하기를
7 주께서 영원히 버리실까, 다시는 은혜를 베풀지 아니하
실까,
8 그의 인자하심은 영원히 끝났는가, 그의 약속하심도 영
구히 폐하였는가,
9 하나님이 그가 베푸실 은혜를 잊으셨는가, 노하심으로
그가 베푸실 긍휼을 그치셨는가 하였나이다 (셀라)
10 또 내가 말하기를 이는 나의 잘못이라 지존자의 오른손
의 해
11 곧 여호와의 일들을 기억하며 주께서 옛적에 행하신 기
이한 일을 기억하리이다
12 또 주의 모든 일을 작은 소리로 읊조리며 주의 행사를

낮은 소리로 되뇌이리이다

13 하나님이여 주의 도는 극히 거룩하시오니 하나님과 같
이 위대하신 신이 누구오니이까

14 주는 기이한 일을 행하신 하나님이시라 민족들 중에 주
의 능력을 알리시고

15 주의 팔로 주의 백성 곧 야곱과 요셉의 자손을 속량하
셨나이다 (셀라)

16 하나님이여 물들이 주를 보았나이다 물들이 주를 보고
두려워하며 깊음도 진동하였고

17 구름이 물을 쏟고 궁창이 소리를 내며 주의 화살도 날
아갔나이다

18 회오리바람 중에 주의 우렛소리가 있으며 번개가 세계
를 비추며 땅이 흔들리고 움직였나이다

19 주의 길이 바다에 있었고 주의 곧은 길이 큰 물에 있었
으나 주의 발자취를 알 수 없었나이다

20 주의 백성을 양 떼 같이 모세와 아론의 손으로 인도하
셨나이다

♥ 말씀 묵상 | 1. 당신이 우주의 중심이 아니라고 하는 사실을 당신은 어떻게 받아들입니까?
2. 당신이 우주의 중심이 아닌데도 왜 창조주는 당신에게 관심을 가진다고 생각합니까?

78편

요점 | 하나님의 은혜에 대해서 어떤 것이 합당한 응답일까?

1 내 백성이여, 내 율법을 들으며 내 입의 말에 귀를 기울
일지어다
2 내가 입을 열어 비유로 말하며 예로부터 감추어졌던 것
을 드러내려 하니
3 이는 우리가 들어서 아는 바요 우리의 조상들이 우리에
게 전한 바라
4 우리가 이를 그들의 자손에게 숨기지 아니하고 여호와
의 영예와 그의 능력과 그가 행하신 기이한 사적을 후
대에 전하리로다
5 여호와께서 증거를 야곱에게 세우시며 법도를 이스라
엘에게 정하시고 우리 조상들에게 명령하사 그들의 자
손에게 알리라 하셨으니
6 이는 그들로 후대 곧 태어날 자손에게 이를 알게 하고
그들은 일어나 그들의 자손에게 일러서
7 그들로 그들의 소망을 하나님께 두며 하나님께서 행하
신 일을 잊지 아니하고 오직 그의 계명을 지켜서
8 그들의 조상들 곧 완고하고 패역하여 그들의 마음이 정
직하지 못하며 그 심령이 하나님께 충성하지 아니하는

세대와 같이 되지 아니하게 하려 하심이로다
9 에브라임 자손은 무기를 갖추며 활을 가졌으나 전쟁의
날에 물러갔도다
10 그들이 하나님의 언약을 지키지 아니하고 그의 율법 준
행을 거절하며
11 여호와께서 행하신 것과 그들에게 보이신 그의 기이한
일을 잊었도다
12 옛적에 하나님이 애굽 땅 소안 들에서 기이한 일을 그
들의 조상들의 목전에서 행하셨으되
13 그가 바다를 갈라 물을 무더기 같이 서게 하시고 그들
을 지나가게 하셨으며
14 낮에는 구름으로, 밤에는 불빛으로 인도하셨으며
15 광야에서 반석을 쪼개시고 매우 깊은 곳에서 나오는 물
처럼 흡족하게 마시게 하셨으며
16 또 바위에서 시내를 내사 물이 강 같이 흐르게 하셨으
나
17 그들은 계속해서 하나님께 범죄하여 메마른 땅에서 지
존자를 배반하였도다
18 그들이 그들의 탐욕대로 음식을 구하여 그들의 심중에
하나님을 시험하였으며
19 그뿐 아니라 하나님을 대적하여 말하기를 하나님이 광

야에서 식탁을 베푸실 수 있으랴
20 보라 그가 반석을 쳐서 물을 내시니 시내가 넘쳤으나
그가 능히 떡도 주시며 자기 백성을 위하여 고기도 예
비하시랴 하였도다
21 그러므로 여호와께서 듣고 노하셨으며 야곱에게 불
같이 노하셨고 또한 이스라엘에게 진노가 불타 올랐
으니
22 이는 하나님을 믿지 아니하며 그의 구원을 의지하지 아
니한 때문이로다
23 그러나 그가 위의 궁창을 명령하시며 하늘 문을 여시고
24 그들에게 만나를 비 같이 내려 먹이시며 하늘 양식을
그들에게 주셨나니
25 사람이 힘센 자의 떡을 먹었으며 그가 음식을 그들에게
충족히 주셨도다
26 그가 동풍을 하늘에서 일게 하시며 그의 권능으로 남풍
을 인도하시고
27 먼지처럼 많은 고기를 비 같이 내리시고 나는 새를 바
다의 모래 같이 내리셨도다
28 그가 그것들을 그들의 진중에 떨어지게 하사 그들의 거
처에 두르셨으므로
29 그들이 먹고 심히 배불렀나니 하나님이 그들의 원대로

그들에게 주셨도다
30 그러나 그들이 그들의 욕심을 버리지 아니하여 그들의
먹을 것이 아직 그들의 입에 있을 때에
31 하나님이 그들에게 노염을 나타내사 그들 중 강한 자를
죽이시며 이스라엘의 청년을 쳐 엎드러뜨리셨도다
32 이러함에도 그들은 여전히 범죄하여 그의 기이한 일들
을 믿지 아니하였으므로
33 하나님이 그들의 날들을 헛되이 보내게 하시며 그들의
햇수를 두려움으로 보내게 하셨도다
34 하나님이 그들을 죽이실 때에 그들이 그에게 구하며 돌
이켜 하나님을 간절히 찾았고
35 하나님이 그들의 반석이시며 지존하신 하나님이 그들
의 구속자이심을 기억하였도다
36 그러나 그들이 입으로 그에게 아첨하며 자기 혀로 그에
게 거짓을 말하였으니
37 이는 하나님께 향하는 그들의 마음이 정함이 없으며 그
의 언약에 성실하지 아니하였음이로다
38 오직 하나님은 긍휼하시므로 죄악을 덮어 주시어 멸망
시키지 아니하시고 그의 진노를 여러 번 돌이키시며 그
의 모든 분을 다 쏟아 내지 아니하셨으니
39 그들은 육체이며 가고 다시 돌아오지 못하는 바람임을

기억하셨음이라
40 그들이 광야에서 그에게 반항하며 사막에서 그를 슬프
시게 함이 몇 번인가
41 그들이 돌이켜 하나님을 거듭거듭 시험하며 이스라엘
의 거룩하신 이를 노엽게 하였도다
42 그들이 그의 권능의 손을 기억하지 아니하며 대적에게
서 그들을 구원하신 날도 기억하지 아니하였도다
43 그 때에 하나님이 애굽에서 그의 표적들을, 소안 들에
서 그의 징조들을 나타내사
44 그들의 강과 시내를 피로 변하여 그들로 마실 수 없게
하시며
45 쇠파리 떼를 그들에게 보내어 그들을 물게 하시고 개구
리를 보내어 해하게 하셨으며
46 그들의 토산물을 황충에게 주셨고 그들이 수고한 것을
메뚜기에게 주셨으며
47 그들의 포도나무를 우박으로, 그들의 뽕나무를 서리로
죽이셨으며
48 그들의 가축을 우박에, 그들의 양 떼를 번갯불에 넘기
셨으며
49 그의 맹렬한 노여움과 진노와 분노와 고난 곧 재앙의
천사들을 그들에게 내려보내셨으며

50 그는 진노로 길을 닦으사 그들의 목숨이 죽음을 면하지
못하게 하시고 그들의 생명을 전염병에 붙이셨으며
51 애굽에서 모든 장자 곧 함의 장막에 있는 그들의 기력
의 처음 것을 치셨으나
52 그가 자기 백성은 양 같이 인도하여 내시고 광야에서
양 떼 같이 지도하셨도다
53 그들을 안전히 인도하시니 그들은 두려움이 없었으나
그들의 원수는 바다에 빠졌도다
54 그들을 그의 성소의 영역 곧 그의 오른손으로 만드신
산으로 인도하시고
55 또 나라를 그들의 앞에서 쫓아내시며 줄을 쳐서 그들의
소유를 분배하시고 이스라엘의 지파들이 그들의 장막
에 살게 하셨도다
56 그러나 그들은 지존하신 하나님을 시험하고 반항하여
그의 명령을 지키지 아니하며
57 그들의 조상들 같이 배반하고 거짓을 행하여 속이는 활
같이 빗나가서
58 자기 산당들로 그의 노여움을 일으키며 그들의 조각한
우상들로 그를 진노하게 하였으매
59 하나님이 들으시고 분내어 이스라엘을 크게 미워하사
60 사람 가운데 세우신 장막 곧 실로의 성막을 떠나시고

61 그가 그의 능력을 포로에게 넘겨 주시며 그의 영광을
대적의 손에 붙이시고
62 그가 그의 소유 때문에 분내사 그의 백성을 칼에 넘기
셨으니
63 그들의 청년은 불에 살라지고 그들의 처녀들은 혼인 노
래를 들을 수 없었으며
64 그들의 제사장들은 칼에 엎드러지고 그들의 과부들은
애곡도 하지 못하였도다
65 그 때에 주께서 잠에서 깨어난 것처럼, 포도주를 마시
고 고함치는 용사처럼 일어나사
66 그의 대적들을 쳐 물리쳐서 영원히 그들에게 욕되게 하
셨도다
67 또 요셉의 장막을 버리시며 에브라임 지파를 택하지 아
니하시고
68 오직 유다 지파와 그가 사랑하시는 시온 산을 택하시며
69 그의 성소를 산의 높음 같이, 영원히 두신 땅 같이 지으
셨도다
70 또 그의 종 다윗을 택하시되 양의 우리에서 취하시며
71 젖 양을 지키는 중에서 그들을 이끌어 내사 그의 백성
인 야곱, 그의 소유인 이스라엘을 기르게 하셨더니
72 이에 그가 그들을 자기 마음의 완전함으로 기르고 그의

손의 능숙함으로 그들을 지도하였도다

말씀 묵상 | 1. 하나님이 공정하게 당신의 인생을 심판하신다면 당신은 현재 어떤 상황에 있어야 정당하다고 생각합니까?
2. 당신의 현재 처지가 불공정하고 억울하게 느껴진다면 하나님이 무엇을 해주셔야 된다고 생각합니까?

79편

요점 | 당신은 존재의 근거가 무너질 때 무엇을 했는가? 어느 것도 영원한 것은 없다.

1 하나님이여 이방 나라들이 주의 기업의 땅에 들어와서
주의 성전을 더럽히고 예루살렘이 돌무더기가 되게 하
였나이다
2 그들이 주의 종들의 시체를 공중의 새에게 밥으로, 주
의 성도들의 육체를 땅의 짐승에게 주며
3 그들의 피를 예루살렘 사방에 물 같이 흘렸으나 그들을
매장하는 자가 없었나이다
4 우리는 우리 이웃에게 비방거리가 되며 우리를 에워싼
자에게 조소와 조롱거리가 되었나이다
5 여호와여 어느 때까지니이까 영원히 노하시리이까 주
의 질투가 불붙듯 하시리이까
6 주를 알지 아니하는 민족들과 주의 이름을 부르지 아니
하는 나라들에게 주의 노를 쏟으소서
7 그들이 야곱을 삼키고 그의 거처를 황폐하게 함이니이다

8 우리 조상들의 죄악을 기억하지 마시고 주의 긍휼로
우리를 속히 영접하소서 우리가 매우 가련하게 되었나
이다
9 우리 구원의 하나님이여 주의 이름의 영광스러운 행사
를 위하여 우리를 도우시며 주의 이름을 증거하기 위하
여 우리를 건지시며 우리 죄를 사하소서
10 이방 나라들이 어찌하여 그들의 하나님이 어디 있느냐
말하나이까 주의 종들이 피 흘림에 대한 복수를 우리의
목전에서 이방 나라에게 보여 주소서
11 갇힌 자의 탄식을 주의 앞에 이르게 하시며 죽이기로
정해진 자도 주의 크신 능력을 따라 보존하소서
12 주여 우리 이웃이 주를 비방한 그 비방을 그들의 품에
칠 배나 갚으소서
13 우리는 주의 백성이요 주의 목장의 양이니 우리는 영원
히 주께 감사하며 주의 영예를 대대에 전하리이다

♥ **말씀 묵상** | 1. 당신이 원하는 현실은 어떤 모습을 가지고 있습니까?
2. 그 현실이 이미 이루어진 것처럼 하나님을 찬양하는 데 가장 큰 장애요인은 무엇입니까?

80편

요점 | 인생의 어려움을 겪을 때 당신은 누구를 부르는가?

1 요셉을 양 떼 같이 인도하시는 이스라엘의 목자여 귀

를 기울이소서 그룹 사이에 좌정하신 이여 빛을 비추
소서
2 에브라임과 베냐민과 므낫세 앞에서 주의 능력을 나타
내사 우리를 구원하러 오소서
3 하나님이여 우리를 돌이키시고 주의 얼굴빛을 비추사
우리가 구원을 얻게 하소서
4 만군의 하나님 여호와여 주의 백성의 기도에 대하여 어
느 때까지 노하시리이까
5 주께서 그들에게 눈물의 양식을 먹이시며 많은 눈물을
마시게 하셨나이다
6 우리를 우리 이웃에게 다툼거리가 되게 하시니 우리 원
수들이 서로 비웃나이다
7 만군의 하나님이여 우리를 회복하여 주시고 주의 얼굴
의 광채를 비추사 우리가 구원을 얻게 하소서
8 주께서 한 포도나무를 애굽에서 가져다가 민족들을 쫓
아내시고 그것을 심으셨나이다
9 주께서 그 앞서 가꾸셨으므로 그 뿌리가 깊이 박혀서
땅에 가득하며
10 그 그늘이 산들을 가리고 그 가지는 하나님의 백향목
같으며
11 그 가지가 바다까지 뻗고 넝쿨이 강까지 미쳤거늘

12 주께서 어찌하여 그 담을 허시사 길을 지나가는 모든
이들이 그것을 따게 하셨나이까
13 숲 속의 멧돼지들이 상해하며 들짐승들이 먹나이다
14 만군의 하나님이여 구하옵나니 돌아오소서 하늘에서
굽어보시고 이 포도나무를 돌보소서
15 주의 오른손으로 심으신 줄기요 주를 위하여 힘있게 하
신 가지니이다
16 그것이 불타고 베임을 당하며 주의 면책으로 말미암아
멸망하오니
17 주의 오른쪽에 있는 자 곧 주를 위하여 힘있게 하신 인
자에게 주의 손을 얹으소서
18 그리하시면 우리가 주에게서 물러가지 아니하오리니
우리를 소생하게 하소서 우리가 주의 이름을 부르리
이다
19 만군의 하나님 여호와여 우리를 돌이켜 주시고 주의 얼
굴의 광채를 우리에게 비추소서 우리가 구원을 얻으리
이다

♥ 말씀 묵상 | 1. 당신은 과거의 삶에서 하나님의 능력의 역사를 얼마나 확실하게 간증할 수 있습니까?
2. 당신은 현재의 상황 속에 어떻게 하나님의 능력을 끌어들일 수 있습니까?

81편

요점 | 우리는 하나님을 찬양할 이유가 있다! 하나님은 늘 우리를 걱정하신다.

1 우리의 능력이 되시는 하나님을 향하여 기쁘게 노래하
며 야곱의 하나님을 향하여 즐거이 소리칠지어다
2 시를 읊으며 소고를 치고 아름다운 수금에 비파를 아우
를지어다
3 초하루와 보름과 우리의 명절에 나팔을 불지어다
4 이는 이스라엘의 율례요 야곱의 하나님의 규례로다
5 하나님이 애굽 땅을 치러 나아가시던 때에 요셉의 족속
중에 이를 증거로 세우셨도다 거기서 내가 알지 못하던
말씀을 들었나니
6 이르시되 내가 그의 어깨에서 짐을 벗기고 그의 손에서
광주리를 놓게 하였도다
7 네가 고난 중에 부르짖으매 내가 너를 건졌고 우렛소리
의 은밀한 곳에서 네게 응답하며 므리바 물 가에서 너
를 시험하였도다 (셀라)
8 내 백성이여 들으라 내가 네게 증언하리라 이스라엘이
여 내게 듣기를 원하노라
9 너희 중에 다른 신을 두지 말며 이방 신에게 절하지 말
지어다

10 나는 너를 애굽 땅에서 인도하여 낸 여호와 네 하나님
이니 네 입을 크게 열라 내가 채우리라 하였으나
11 내 백성이 내 소리를 듣지 아니하며 이스라엘이 나를
원하지 아니하였도다
12 그러므로 내가 그의 마음을 완악한 대로 버려 두어 그
의 임의대로 행하게 하였도다
13 내 백성아 내 말을 들으라 이스라엘아 내 도를 따르라
14 그리하면 내가 속히 그들의 원수를 누르고 내 손을 돌
려 그들의 대적들을 치리니
15 여호와를 미워하는 자는 그에게 복종하는 체할지라도
그들의 시대는 영원히 계속되리라
16 또 내가 기름진 밀을 그들에게 먹이며 반석에서 나오는
꿀로 너를 만족하게 하리라 하셨도다

♥ **말씀 묵상** | 1. 당신이 하나님을 찬양해야 될 이유는 무엇입니까?
2. 당신이 남들에게도 하나님을 찬양하자고 권해야 될 이유는 무엇입니까?

82편

요점 | 우리는 의지할 수 있는 재판관이 계신다!

1 하나님은 신들의 모임 가운데에 서시며 하나님은 그들
가운데에서 재판하시느니라
2 너희가 불공평한 판단을 하며 악인의 낯 보기를 언제까

지 하려느냐 (셀라)
3 가난한 자와 고아를 위하여 판단하며 곤란한 자와 빈궁
한 자에게 공의를 베풀지며
4 가난한 자와 궁핍한 자를 구원하여 악인들의 손에서 건
질지니라 하시는도다
5 그들은 알지도 못하고 깨닫지도 못하여 흑암 중에 왕래
하니 땅의 모든 터가 흔들리도다
6 내가 말하기를 너희는 신들이며 다 지존자의 아들들이
라 하였으나
7 그러나 너희는 사람처럼 죽으며 고관의 하나 같이 넘어
지리로다
8 하나님이여 일어나사 세상을 심판하소서 모든 나라가
주의 소유이기 때문이니이다

말씀 묵상 | 1. 당신이 다른 사람들에게 관대해야 될 이유는 무엇입니까?
2. 당신이 다른 사람들에게 관대하지 않을 때 그 행동이 당신의 영성에 어떤 영향을 미칩니까?

83편

요점 | 인생은 비정한 승부의 세계라고 한다. 감정은 인정해도 행동은 자제한다.

1 하나님이여 침묵하지 마소서 하나님이여 잠잠하지 마
시고 조용하지 마소서
2 무릇 주의 원수들이 떠들며 주를 미워하는 자들이 머리

를 들었나이다
3 그들이 주의 백성을 치려 하여 간계를 꾀하며 주께서
숨기신 자를 치려고 서로 의논하여
4 말하기를 가서 그들을 멸하여 다시 나라가 되지 못하게
하여 이스라엘의 이름으로 다시는 기억되지 못하게 하
자 하나이다
5 그들이 한마음으로 의논하고 주를 대적하여 서로 동맹
하니
6 곧 에돔의 장막과 이스마엘인과 모압과 하갈인이며
7 그발과 암몬과 아말렉이며 블레셋과 두로 사람이요
8 앗수르도 그들과 연합하여 롯 자손의 도움이 되었나이
다 (셀라)
9 주는 미디안인에게 행하신 것 같이, 기손 시내에서 시
스라와 야빈에게 행하신 것 같이 그들에게도 행하소서
10 그들은 엔돌에서 패망하여 땅에 거름이 되었나이다
11 그들의 귀인들이 오렙과 스엡 같게 하시며 그들의 모든
고관들은 세바와 살문나와 같게 하소서
12 그들이 말하기를 우리가 하나님의 목장을 우리의 소유
로 취하자 하였나이다
13 나의 하나님이여 그들이 굴러가는 검불 같게 하시며 바
람에 날리는 지푸라기 같게 하소서

14 삼림을 사르는 불과 산에 붙는 불길 같이

15 주의 광풍으로 그들을 쫓으시며 주의 폭풍으로 그들을
두렵게 하소서

16 여호와여 그들의 얼굴에 수치가 가득하게 하사 그들이
주의 이름을 찾게 하소서

17 그들로 수치를 당하여 영원히 놀라게 하시며 낭패와 멸
망을 당하게 하사

18 여호와라 이름하신 주만 온 세계의 지존자로 알게 하
소서

♥ 말씀 묵상 | 1. 당신은 살면서 죽여 버리고 싶은 사람이 몇 명이나 있었습니까?
2. 그런데도 아직 살인자가 되지 않은 이유는 무엇입니까?

84편

요점 | 우리는 어디서 기쁨을 찾을 수 있을까? 하나님을 만나는 특별한 장소가 필요하다.

1 만군의 여호와여 주의 장막이 어찌 그리 사랑스러운
지요

2 내 영혼이 여호와의 궁정을 사모하여 쇠약함이여 내 마
음과 육체가 살아 계시는 하나님께 부르짖나이다

3 나의 왕, 나의 하나님, 만군의 여호와여 주의 제단에서
참새도 제 집을 얻고 제비도 새끼 둘 보금자리를 얻었
나이다

4 주의 집에 사는 자들은 복이 있나니 그들이 항상 주를
찬송하리이다 (셀라)
5 주께 힘을 얻고 그 마음에 시온의 대로가 있는 자는 복
이 있나이다
6 그들이 눈물 골짜기로 지나갈 때에 그 곳에 많은 샘이
있을 것이며 이른 비가 복을 채워 주나이다
7 그들은 힘을 얻고 더 얻어 나아가 시온에서 하나님 앞
에 각기 나타나리이다
8 만군의 하나님 여호와여 내 기도를 들으소서 야곱의 하
나님이여 귀를 기울이소서 (셀라)
9 우리 방패이신 하나님이여 주께서 기름 부으신 자의 얼
굴을 살펴 보옵소서
10 주의 궁정에서의 한 날이 다른 곳에서의 천 날보다 나
은즉 악인의 장막에 사는 것보다 내 하나님의 성전 문
지기로 있는 것이 좋사오니
11 여호와 하나님은 해요 방패이시라 여호와께서 은혜와
영화를 주시며 정직하게 행하는 자에게 좋은 것을 아끼
지 아니하실 것임이니이다
12 만군의 여호와여 주께 의지하는 자는 복이 있나이다

말씀 묵상 | 1. 당신은 예배 드리러 갈 때 느끼는 기쁨을 무엇과 비교할 수 있습니까?
2. 우리는 아무데서나 예배를 드릴 수 있는데 교회에서의 예배는 무엇이 다릅니까?

85편

요점 | 살다 보면 좋은 날도 궂은 날도 있다. 하나님은 자비를 베푸신다.

1 여호와여 주께서 주의 땅에 은혜를 베푸사 야곱의 포로
된 자들이 돌아오게 하셨으며
2 주의 백성의 죄악을 사하시고 그들의 모든 죄를 덮으셨
나이다 (셀라)
3 주의 모든 분노를 거두시며 주의 진노를 돌이키셨나
이다
4 우리 구원의 하나님이여 우리를 돌이키시고 우리에게
향하신 주의 분노를 거두소서
5 주께서 우리에게 영원히 노하시며 대대에 진노하시겠
나이까
6 주께서 우리를 다시 살리사 주의 백성이 주를 기뻐하도
록 하지 아니하시겠나이까
7 여호와여 주의 인자하심을 우리에게 보이시며 주의 구
원을 우리에게 주소서
8 내가 하나님 여호와께서 하실 말씀을 들으리니 무릇 그
의 백성, 그의 성도들에게 화평을 말씀하실 것이라 그
들은 다시 어리석은 데로 돌아가지 말지로다
9 진실로 그의 구원이 그를 경외하는 자에게 가까우니 영

광이 우리 땅에 머무르리이다

10 인애와 진리가 같이 만나고 의와 화평이 서로 입맞추었
으며

11 진리는 땅에서 솟아나고 의는 하늘에서 굽어보도다

12 여호와께서 좋은 것을 주시리니 우리 땅이 그 산물을
내리로다

13 의가 주의 앞에 앞서 가며 주의 길을 닦으리로다

♥ 말씀 묵상 | 1. 당신의 삶에서 가장 길고 힘들었던 고통은 어떤 것이었습니까?
2. 그 고통을 견디게 한 것은 무엇이었습니까?

86편

요점 | 우리는 언제나 적들에게 둘러싸여 있다! 하나님의 자비는 우리의 마지막 희망이다.

1 여호와여 나는 가난하고 궁핍하오니 주의 귀를 기울여
내게 응답하소서

2 나는 경건하오니 내 영혼을 보존하소서 내 주 하나님이
여 주를 의지하는 종을 구원하소서

3 주여 내게 은혜를 베푸소서 내가 종일 주께 부르짖나
이다

4 주여 내 영혼이 주를 우러러보오니 주여 내 영혼을 기
쁘게 하소서

5 주는 선하사 사죄하기를 즐거워하시며 주께 부르짖는

자에게 인자함이 후하심이니이다
6 여호와여 나의 기도에 귀를 기울이시고 내가 간구하는
소리를 들으소서
7 나의 환난 날에 내가 주께 부르짖으리니 주께서 내게
응답하시리이다
8 주여 신들 중에 주와 같은 자 없사오며 주의 행하심과
같은 일도 없나이다
9 주여 주께서 지으신 모든 민족이 와서 주의 앞에 경배
하며 주의 이름에 영광을 돌리리이다
10 무릇 주는 위대하사 기이한 일들을 행하시오니 주만이
하나님이시니이다
11 여호와여 주의 도를 내게 가르치소서 내가 주의 진리에
행하오리니 일심으로 주의 이름을 경외하게 하소서
12 주 나의 하나님이여 내가 전심으로 주를 찬송하고 영원
토록 주의 이름에 영광을 돌리오리니
13 이는 내게 향하신 주의 인자하심이 크사 내 영혼을 깊
은 스올에서 건지셨음이니이다
14 하나님이여 교만한 자들이 일어나 나를 치고 포악한 자
의 무리가 내 영혼을 찾았사오며 자기 앞에 주를 두지
아니하였나이다
15 그러나 주여 주는 긍휼히 여기시며 은혜를 베푸시며 노

하기를 더디하시며 인자와 진실이 풍성하신 하나님이
시오니
16 내게로 돌이키사 내게 은혜를 베푸소서 주의 종에게 힘
을 주시고 주의 여종의 아들을 구원하소서
17 은총의 표적을 내게 보이소서 그러면 나를 미워하는 그
들이 보고 부끄러워하오리니 여호와여 주는 나를 돕고
위로하시는 이시니이다

♥ 말씀 묵상 | 1. 당신은 "미워하면서 닮는다!"는 말을 어떤 때 확인하게 됩니까?
2. 그런 때 당신은 그런 자신의 모습에 어떻게 반응합니까?

87편

요점 | 우리는 모두 한 가족이다! 생명의 근원에 연결될 필요가 있다.

1 그의 터전이 성산에 있음이여
2 여호와께서 야곱의 모든 거처보다 시온의 문들을 사랑
하시는도다
3 하나님의 성이여 너를 가리켜 영광스럽다 말하는도다
(셀라)
4 나는 라합과 바벨론이 나를 아는 자 중에 있다 말하리
라 보라 블레셋과 두로와 구스여 이것들도 거기서 났다
하리로다
5 시온에 대하여 말하기를 이 사람, 저 사람이 거기서 났

다고 말하리니 지존자가 친히 시온을 세우리라 하는도
다

6 여호와께서 민족들을 등록하실 때에는 그 수를 세시며
이 사람이 거기서 났다 하시리로다 (셀라)

7 노래하는 자와 뛰어 노는 자들이 말하기를 나의 모든
근원이 네게 있다 하리로다

말씀 묵상 | 1. 당신은 세상 사람들이 한 가족으로 느끼지 못하게 만드는 것들이 무엇이라고 생각합니까?
2. 당신은 우리가 어떻게 그것들을 극복하고 한 가족으로 살 수 있다고 생각합니까?

88편

요점 | 어두움 속에서도 하나님께 기도해야 한다!

1 여호와 내 구원의 하나님이여 내가 주야로 주 앞에서
부르짖었사오니

2 나의 기도가 주 앞에 이르게 하시며 나의 부르짖음에
주의 귀를 기울여 주소서

3 무릇 나의 영혼에는 재난이 가득하며 나의 생명은 스올
에 가까웠사오니

4 나는 무덤에 내려가는 자 같이 인정되고 힘없는 용사와
같으며

5 죽은 자 중에 던져진 바 되었으며 죽임을 당하여 무덤
에 누운 자 같으니이다 주께서 그들을 다시 기억하지

아니하시니 그들은 주의 손에서 끊어진 자니이다
6 주께서 나를 깊은 웅덩이와 어둡고 음침한 곳에 두셨사
오며
7 주의 노가 나를 심히 누르시고 주의 모든 파도가 나를
괴롭게 하셨나이다 (셀라)
8 주께서 내가 아는 자를 내게서 멀리 떠나게 하시고 나
를 그들에게 가증한 것이 되게 하셨사오니 나는 갇혀서
나갈 수 없게 되었나이다
9 곤란으로 말미암아 내 눈이 쇠하였나이다 여호와여 내
가 매일 주를 부르며 주를 향하여 나의 두 손을 들었나
이다
10 주께서 죽은 자에게 기이한 일을 보이시겠나이까 유령
들이 일어나 주를 찬송하리이까 (셀라)
11 주의 인자하심을 무덤에서, 주의 성실하심을 멸망 중에
서 선포할 수 있으리이까
12 흑암 중에서 주의 기적과 잊음의 땅에서 주의 공의를
알 수 있으리이까
13 여호와여 오직 내가 주께 부르짖었사오니 아침에 나의
기도가 주의 앞에 이르리이다
14 여호와여 어찌하여 나의 영혼을 버리시며 어찌하여 주
의 얼굴을 내게서 숨기시나이까

15 내가 어릴 적부터 고난을 당하여 죽게 되었사오며 주께
서 두렵게 하실 때에 당황하였나이다
16 주의 진노가 내게 넘치고 주의 두려움이 나를 끊었나
이다
17 이런 일이 물 같이 종일 나를 에우며 함께 나를 둘러쌌
나이다
18 주는 내게서 사랑하는 자와 친구를 멀리 떠나게 하시며
내가 아는 자를 흑암에 두셨나이다

♥ 말씀 묵상 | 1. 당신은 하나님 앞에 기도와 찬양은커녕 불평도 할 수 없는 어두운 밤을 언제 지내보았습니까?
2. 그런 어두운 밤을 견디게 한 힘은 무엇입니까?

89편

요점 | 하나님은 신실하시다! 회개는 하나님과 연결되는 유일한 길이다.

1 내가 여호와의 인자하심을 영원히 노래하며 주의 성실
하심을 내 입으로 대대에 알게 하리이다
2 내가 말하기를 인자하심을 영원히 세우시며 주의 성실
하심을 하늘에서 견고히 하시리라 하였나이다
3 주께서 이르시되 나는 내가 택한 자와 언약을 맺으며
내 종 다윗에게 맹세하기를
4 내가 네 자손을 영원히 견고히 하며 네 왕위를 대대에
세우리라 하셨나이다 (셀라)

5 여호와여 주의 기이한 일을 하늘이 찬양할 것이요 주의
성실도 거룩한 자들의 모임 가운데에서 찬양하리이다
6 무릇 구름 위에서 능히 여호와와 비교할 자 누구며 신
들 중에서 여호와와 같은 자 누구리이까
7 하나님은 거룩한 자의 모임 가운데에서 매우 무서워할
이시오며 둘러 있는 모든 자 위에 더욱 두려워할 이시
니이다
8 여호와 만군의 하나님이여 주와 같이 능력 있는 이가 누
구리이까 여호와여 주의 성실하심이 주를 둘렀나이다
9 주께서 바다의 파도를 다스리시며 그 파도가 일어날 때
에 잔잔하게 하시나이다
10 주께서 라합을 죽임 당한 자 같이 깨뜨리시고 주의 원
수를 주의 능력의 팔로 흩으셨나이다
11 하늘이 주의 것이요 땅도 주의 것이라 세계와 그 중에
충만한 것을 주께서 건설하셨나이다
12 남북을 주께서 창조하셨으니 다볼과 헤르몬이 주의 이
름으로 말미암아 즐거워하나이다
13 주의 팔에 능력이 있사오며 주의 손은 강하고 주의 오
른손은 높이 들리우셨나이다
14 의와 공의가 주의 보좌의 기초라 인자함과 진실함이 주
앞에 있나이다

15 즐겁게 소리칠 줄 아는 백성은 복이 있나니 여호와여
그들이 주의 얼굴 빛 안에서 다니리로다
16 그들은 종일 주의 이름 때문에 기뻐하며 주의 공의로
말미암아 높아지오니
17 주는 그들의 힘의 영광이심이라 우리의 뿔이 주의 은총
으로 높아지오리니
18 우리의 방패는 여호와께 속하였고 우리의 왕은 이스라
엘의 거룩한 이에게 속하였기 때문이니이다
19 그 때에 주께서 환상 중에 주의 성도들에게 말씀하여
이르시기를 내가 능력 있는 용사에게는 돕는 힘을 더하
며 백성 중에서 택함 받은 자를 높였으되
20 내가 내 종 다윗을 찾아내어 나의 거룩한 기름을 그에
게 부었도다
21 내 손이 그와 함께 하여 견고하게 하고 내 팔이 그를 힘
이 있게 하리로다
22 원수가 그에게서 강탈하지 못하며 악한 자가 그를 곤고
하게 못하리로다
23 내가 그의 앞에서 그 대적들을 박멸하며 그를 미워하는
자들을 치려니와
24 나의 성실함과 인자함이 그와 함께 하리니 내 이름으로
말미암아 그의 뿔이 높아지리로다

25 내가 또 그의 손을 바다 위에 놓으며 오른손을 강들 위
에 놓으리니
26 그가 내게 부르기를 주는 나의 아버지시요 나의 하나님
이시요 나의 구원의 바위시라 하리로다
27 내가 또 그를 장자로 삼고 세상 왕들에게 지존자가 되
게 하며
28 그를 위하여 나의 인자함을 영원히 지키고 그와 맺은
나의 언약을 굳게 세우며
29 또 그의 후손을 영구하게 하여 그의 왕위를 하늘의 날
과 같게 하리로다
30 만일 그의 자손이 내 법을 버리며 내 규례대로 행하지
아니하며
31 내 율례를 깨뜨리며 내 계명을 지키지 아니하면
32 내가 회초리로 그들의 죄를 다스리며 채찍으로 그들의
죄악을 벌하리로다
33 그러나 나의 인자함을 그에게서 다 거두지는 아니하며
나의 성실함도 폐하지 아니하며
34 내 언약을 깨뜨리지 아니하고 내 입술에서 낸 것은 변
하지 아니하리로다
35 내가 나의 거룩함으로 한 번 맹세하였은즉 다윗에게 거
짓말을 하지 아니할 것이라

36 그의 후손이 장구하고 그의 왕위는 해 같이 내 앞에 항
상 있으며
37 또 궁창의 확실한 증인인 달 같이 영원히 견고하게 되
리라 하셨도다 (셀라)
38 그러나 주께서 주의 기름 부음 받은 자에게 노하사 물
리치셔서 버리셨으며
39 주의 종의 언약을 미워하사 그의 관을 땅에 던져 욕되
게 하셨으며
40 그의 모든 울타리를 파괴하시며 그 요새를 무너뜨리셨
으므로
41 길로 지나가는 자들에게 다 탈취를 당하며 그의 이웃에
게 욕을 당하나이다
42 주께서 그의 대적들의 오른손을 높이시고 그들의 모든
원수들은 기쁘게 하셨으나
43 그의 칼날은 둔하게 하사 그가 전장에서 더 이상 버티
지 못하게 하셨으며
44 그의 영광을 그치게 하시고 그의 왕위를 땅에 엎으셨
으며
45 그의 젊은 날들을 짧게 하시고 그를 수치로 덮으셨나이
다 (셀라)
46 여호와여 언제까지니이까 스스로 영원히 숨기시리이까

주의 노가 언제까지 불붙듯 하시겠나이까
47 나의 때가 얼마나 짧은지 기억하소서 주께서 모든 사람
을 어찌 그리 허무하게 창조하셨는지요
48 누가 살아서 죽음을 보지 아니하고 자기의 영혼을 스올
의 권세에서 건지리이까 (셀라)
49 주여 주의 성실하심으로 다윗에게 맹세하신 그 전의 인
자하심이 어디 있나이까
50 주는 주의 종들이 받은 비방을 기억하소서 많은 민족의
비방이 내 품에 있사오니
51 여호와여 이 비방은 주의 원수들이 주의 기름 부음 받
은 자의 행동을 비방한 것이로소이다
52 여호와를 영원히 찬송할지어다 아멘 아멘

말씀 묵상 | 1. 눈물 콧물 흘리면서 마지막으로 회개한 것이 언제였습니까?
2. 요즘 들어 회개가 뜸해졌다면 그 이유가 무엇이라고 생각합니까?

시편 묵상 중간 징검다리

이제 시편 3권이 끝났다. 처음에 믿음의 여정에서 거의 미끄러질 뻔한 상태에서 시작한 3권은 "여호와를 영원히 찬송할지어다. 아멘. 아멘." 하는 두번 아멘으로 끝난다. 그렇게 3권을 거치는 동안 시인은 신앙적으로 많이 성숙해졌고 영성이 형성되었다. 그러고 나니 인생의 연약함이 절실히 느껴지고 하나님의 위대하심은 더욱 강력한 현실로 다가온다. 그래서 시편 4권(90–106편)은 들풀과 같은 인생에 대한 고백으로 시작한다.

90편

요점 | 풀 같은 인생 그리고 기쁘게 사는 방법.

1 주여 주는 대대에 우리의 거처가 되셨나이다
2 산이 생기기 전, 땅과 세계도 주께서 조성하시기 전 곧
영원부터 영원까지 주는 하나님이시니이다
3 주께서 사람을 티끌로 돌아가게 하시고 말씀하시기를
너희 인생들은 돌아가라 하셨사오니
4 주의 목전에는 천 년이 지나간 어제 같으며 밤의 한 순
간 같을 뿐임이니이다
5 주께서 그들을 홍수처럼 쓸어가시나이다 그들은 잠깐
자는 것 같으며 아침에 돋는 풀 같으니이다
6 풀은 아침에 꽃이 피어 자라다가 저녁에는 시들어 마르
나이다
7 우리는 주의 노에 소멸되며 주의 분내심에 놀라나이
다
8 주께서 우리의 죄악을 주의 앞에 놓으시며 우리의 은밀
한 죄를 주의 얼굴 빛 가운데에 두셨사오니
9 우리의 모든 날이 주의 분노 중에 지나가며 우리의 평
생이 순식간에 다하였나이다
10 우리의 연수가 칠십이요 강건하면 팔십이라도 그 연수

의 자랑은 수고와 슬픔뿐이요 신속히 가니 우리가 날아
가나이다
11 누가 주의 노여움의 능력을 알며 누가 주의 진노의 두
려움을 알리이까
12 우리에게 우리 날 계수함을 가르치사 지혜로운 마음을
얻게 하소서
13 여호와여 돌아오소서 언제까지니이까 주의 종들을 불
쌍히 여기소서
14 아침에 주의 인자하심이 우리를 만족하게 하사 우리를
일생 동안 즐겁고 기쁘게 하소서
15 우리를 괴롭게 하신 날수대로와 우리가 화를 당한 연수
대로 우리를 기쁘게 하소서
16 주께서 행하신 일을 주의 종들에게 나타내시며 주의 영
광을 그들의 자손에게 나타내소서
17 주 우리 하나님의 은총을 우리에게 내리게 하사 우리의
손이 행한 일을 우리에게 견고하게 하소서 우리의 손이
행한 일을 견고하게 하소서

♥ **말씀 묵상** | 1. 앞으로 당신은 몇 년을 더 살 것이라고 평균적으로 계산할 수 있습니까?
2. 그 남은 시간에 꼭 해 보고 싶은 일들 중에 하나님의 영광을 드러낼 수 있는 일들은 무엇이 있습니까?

91편

요점 | 눈 속에도 생명은 자란다! 이제는 자유다.

1 지존자의 은밀한 곳에 거주하며 전능자의 그늘 아래에
사는 자여,
2 나는 여호와를 향하여 말하기를 그는 나의 피난처요 나
의 요새요 내가 의뢰하는 하나님이라 하리니
3 이는 그가 너를 새 사냥꾼의 올무에서와 심한 전염병에
서 건지실 것임이로다
4 그가 너를 그의 깃으로 덮으시리니 네가 그의 날개 아
래에 피하리로다 그의 진실함은 방패와 손 방패가 되시
나니
5 너는 밤에 찾아오는 공포와 낮에 날아드는 화살과
6 어두울 때 퍼지는 전염병과 밝을 때 닥쳐오는 재앙을
두려워하지 아니하리로다
7 천 명이 네 왼쪽에서, 만 명이 네 오른쪽에서 엎드러지
나 이 재앙이 네게 가까이 하지 못하리로다
8 오직 너는 똑똑히 보리니 악인들의 보응을 네가 보리
로다
9 네가 말하기를 여호와는 나의 피난처시라 하고 지존자
를 너의 거처로 삼았으므로

10 화가 네게 미치지 못하며 재앙이 네 장막에 가까이 오
지 못하리니
11 그가 너를 위하여 그의 천사들을 명령하사 네 모든 길
에서 너를 지키게 하심이라
12 그들이 그들의 손으로 너를 붙들어 발이 돌에 부딪히지
아니하게 하리로다
13 네가 사자와 독사를 밟으며 젊은 사자와 뱀을 발로 누
르리로다
14 하나님이 이르시되 그가 나를 사랑한즉 내가 그를 건지
리라 그가 내 이름을 안즉 내가 그를 높이리라
15 그가 내게 간구하리니 내가 그에게 응답하리라 그들이
환난 당할 때에 내가 그와 함께 하여 그를 건지고 영화
롭게 하리라
16 내가 그를 장수하게 함으로 그를 만족하게 하며 나의
구원을 그에게 보이리라 하시도다

♥ 말씀 묵상 | 1. 지금 겨울을 지내는 당신의 눈 속에서는 무슨 열매가 자라고 있습니까?
2. 겨울이 지났다면 당신은 무슨 열매로 하나님께 영광을 돌리고 있습니까?

92편

요점 | 믿음은 지혜가 있어야 한다! 지혜는 의로움을 요구한다.

1 지존자여 십현금과 비파와 수금으로 여호와께 감사하

며 주의 이름을 찬양하고 아침마다 주의 인자하심을 알
3 리며 밤마다 주의 성실하심을 베풂이 좋으니이다
4 여호와여 주께서 행하신 일로 나를 기쁘게 하셨으니 주
의 손이 행하신 일로 말미암아 내가 높이 외치리이다
5 여호와여 주께서 행하신 일이 어찌 그리 크신지요 주의
생각이 매우 깊으시니이다
6 어리석은 자도 알지 못하며 무지한 자도 이를 깨닫지
못하나이다
7 악인들은 풀 같이 자라고 악을 행하는 자들은 다 흥왕
할지라도 영원히 멸망하리이다
8 여호와여 주는 영원토록 지존하시니이다
9 여호와여 주의 원수들은 패망하리이다 정녕 주의 원
수들은 패망하리니 죄악을 행하는 자들은 다 흩어지
리이다
10 그러나 주께서 내 뿔을 들소의 뿔 같이 높이셨으며 내
게 신선한 기름을 부으셨나이다
11 내 원수들이 보응 받는 것을 내 눈으로 보며 일어나
나를 치는 행악자들이 보응 받는 것을 내 귀로 들었도
다
12 의인은 종려나무 같이 번성하며 레바논의 백향목 같이
성장하리로다

13 이는 여호와의 집에 심겼음이여 우리 하나님의 뜰 안에
서 번성하리로다
14 그는 늙어도 여전히 결실하며 진액이 풍족하고 빛이 청
청하니
15 여호와의 정직하심과 나의 바위 되심과 그에게는 불의
가 없음이 선포되리로다

♥ 말씀 묵상 | 1. 믿음이 있다고 하면서 의롭지 못한 행동을 하면 불신자들이 하나님을 어떻게 볼까요?
2. 당신이 지혜로운 사람이라는 것을 잘 드러내 주는 예를 당신의 행동 중에서 말씀해 보십시오.

93편

요점 | 하나님보다 큰 것이 무엇인가? 하나님이 움직이시면 모든 문제가 해결된다.

1 여호와께서 다스리시니 스스로 권위를 입으셨도다 여
호와께서 능력의 옷을 입으시며 띠를 띠셨으므로 세계
도 견고히 서서 흔들리지 아니하는도다
2 주의 보좌는 예로부터 견고히 섰으며 주는 영원부터 계
셨나이다
3 여호와여 큰 물이 소리를 높였고 큰 물이 그 소리를 높
였으니 큰 물이 그 물결을 높이나이다
4 높이 계신 여호와의 능력은 많은 물 소리와 바다의 큰
파도보다 크니이다
5 여호와여 주의 증거들이 매우 확실하고 거룩함이 주의

집에 합당하니 여호와는 영원무궁하시리이다

말씀 묵상 | 1. 10년 전에 당신이 큰 문제라고 생각했던 일들이 지금은 어떤 무게를 가지고 있습니까?
2. 지금 큰 문제라고 생각하는 그 문제가 얼마나 지나면 그 성격을 달리할 것이라고 생각합니까?

94편

요점 | 의로운 이들의 원수를 갚아 주시는 하나님! 의롭지 못하면 가난하기라도 하자!

1 여호와여 복수하시는 하나님이여 복수하시는 하나님이
여 빛을 비추어 주소서
2 세계를 심판하시는 주여 일어나사 교만한 자들에게 마
땅한 벌을 주소서
3 여호와여 악인이 언제까지, 악인이 언제까지 개가를 부
르리이까
4 그들이 마구 지껄이며 오만하게 떠들며 죄악을 행하는
자들이 다 자만하나이다
5 여호와여 그들이 주의 백성을 짓밟으며 주의 소유를 곤
고하게 하며
6 과부와 나그네를 죽이며 고아들을 살해하며
7 말하기를 여호와가 보지 못하며 야곱의 하나님이 알아
차리지 못하리라 하나이다
8 백성 중의 어리석은 자들아 너희는 생각하라 무지한 자
들아 너희가 언제나 지혜로울까

9 귀를 지으신 이가 듣지 아니하시랴 눈을 만드신 이가
보지 아니하시랴
10 뭇 백성을 징벌하시는 이 곧 지식으로 사람을 교훈하시
는 이가 징벌하지 아니하시랴
11 여호와께서는 사람의 생각이 허무함을 아시느니라
12 여호와여 주로부터 징벌을 받으며 주의 법으로 교훈하
심을 받는 자가 복이 있나니
13 이런 사람에게는 환난의 날을 피하게 하사 악인을 위하
여 구덩이를 팔 때까지 평안을 주시리이다
14 여호와께서는 자기 백성을 버리지 아니하시며 자기의
소유를 외면하지 아니하시리로다
15 심판이 의로 돌아가리니 마음이 정직한 자가 다 따르리
로다
16 누가 나를 위하여 일어나서 행악자들을 치며 누가 나를
위하여 일어나서 악행하는 자들을 칠까
17 여호와께서 내게 도움이 되지 아니하셨더면 내 영혼이
벌써 침묵 속에 잠겼으리로다
18 여호와여 나의 발이 미끄러진다고 말할 때에 주의 인자
하심이 나를 붙드셨사오며
19 내 속에 근심이 많을 때에 주의 위안이 내 영혼을 즐겁
게 하시나이다

20 율례를 빙자하고 재난을 꾸미는 악한 재판장이 어찌 주
와 어울리리이까
21 그들이 모여 의인의 영혼을 치려 하며 무죄한 자를 정
죄하여 피를 흘리려 하나
22 여호와는 나의 요새이시요 나의 하나님은 내가 피할 반
석이시라
23 그들의 죄악을 그들에게로 되돌리시며 그들의 악으로
말미암아 그들을 끊으시리니 여호와 우리 하나님이 그
들을 끊으시리로다

♥ **말씀 묵상** | 1. 당신에게는 가난해지는 길과 부자이면서도 겸손히 섬기는 길 두 가지 선택의 여지가 있습니다. 무엇을 선택할 것입니까?
2. 역사적으로 부자들이 겸손히 섬기지 못해 가난한 자들이 뒤집어 엎은 예로 당신이 알고 있는 것을 말씀해 보십시오.

95편

요점 | 예배를 예배답게 만드는 것은 무엇인가?

1 오라 우리가 여호와께 노래하며 우리의 구원의 반석을
향하여 즐거이 외치자
2 우리가 감사함으로 그 앞에 나아가며 시를 지어 즐거이
그를 노래하자
3 여호와는 크신 하나님이시요 모든 신들보다 크신 왕이
시기 때문이로다

4 땅의 깊은 곳이 그의 손 안에 있으며 산들의 높은 곳도
그의 것이로다
5 바다도 그의 것이라 그가 만드셨고 육지도 그의 손이
지으셨도다
6 오라 우리가 굽혀 경배하며 우리를 지으신 여호와 앞에
무릎을 꿇자
7 그는 우리의 하나님이시요 우리는 그가 기르시는 백성
이며 그의 손이 돌보시는 양이기 때문이라 너희가 오늘
그의 음성을 듣거든
8 너희는 므리바에서와 같이 또 광야의 맛사에서 지냈던
날과 같이 너희 마음을 완악하게 하지 말지어다
9 그 때에 너희 조상들이 내가 행한 일을 보고서도 나를
시험하고 조사하였도다
10 내가 사십 년 동안 그 세대로 말미암아 근심하여 이르
기를 그들은 마음이 미혹된 백성이라 내 길을 알지 못
한다 하였도다
11 그러므로 내가 노하여 맹세하기를 그들은 내 안식에 들
어오지 못하리라 하였도다

♥ **말씀 묵상** | 1. 당신이 세상에서 바꾸어 보려고 애쓰는 것들 중에 가장 힘든 것은 무엇입니까?
2. 당신은 그것들 중 어떤 것들을 하나님이 바꾸시도록 하나님께 맡겨드렸습니까?

96편

요점 | 주님께 찬양을 드려라! 우상은 우리를 만족시킬 수 없다.

1 새 노래로 여호와께 노래하라 온 땅이여 여호와께 노래
할지어다
2 여호와께 노래하여 그의 이름을 송축하며 그의 구원을
날마다 전파할지어다
3 그의 영광을 백성들 가운데에, 그의 기이한 행적을 만
민 가운데에 선포할지어다
4 여호와는 위대하시니 지극히 찬양할 것이요 모든 신들
보다 경외할 것임이여
5 만국의 모든 신들은 우상들이지만 여호와께서는 하늘
을 지으셨음이로다
6 존귀와 위엄이 그의 앞에 있으며 능력과 아름다움이 그
의 성소에 있도다
7 만국의 족속들아 영광과 권능을 여호와께 돌릴지어다
여호와께 돌릴지어다
8 여호와의 이름에 합당한 영광을 그에게 돌릴지어다 예
물을 들고 그의 궁정에 들어갈지어다
9 아름답고 거룩한 것으로 여호와께 예배할지어다 온 땅
이여 그 앞에서 떨지어다

10 모든 나라 가운데서 이르기를 여호와께서 다스리시니
세계가 굳게 서고 흔들리지 않으리라 그가 만민을 공평
하게 심판하시리라 할지로다
11 하늘은 기뻐하고 땅은 즐거워하며 바다와 거기에 충만
한 것이 외치고
12 밭과 그 가운데에 있는 모든 것은 즐거워할지로다 그
때 숲의 모든 나무들이 여호와 앞에서 즐거이 노래하
리니
13 그가 임하시되 땅을 심판하러 임하실 것임이라 그가 의
로 세계를 심판하시며 그의 진실하심으로 백성을 심판
하시리로다

♥ **말씀 묵상 |** 1. 당신은 어느 나라에 예배 공동체를 세우고 싶습니까?
2. 그 일을 위한 첫걸음으로 할 수 있는 일은 무엇입니까?

97편

요점 | 하나님의 통치의 영광 그리고 우상 숭배의 비참함.

1 여호와께서 다스리시나니 땅은 즐거워하며 허다한 섬
은 기뻐할지어다
2 구름과 흑암이 그를 둘렀고 의와 공평이 그의 보좌의
기초로다
3 불이 그의 앞에서 나와 사방의 대적들을 불사르시는

도다
4 그의 번개가 세계를 비추니 땅이 보고 떨었도다
5 산들이 여호와의 앞 곧 온 땅의 주 앞에서 밀랍 같이 녹
았도다
6 하늘이 그의 의를 선포하니 모든 백성이 그의 영광을
보았도다
7 조각한 신상을 섬기며 허무한 것으로 자랑하는 자는
다 수치를 당할 것이라 너희 신들아 여호와께 경배할
지어다
8 여호와여 시온이 주의 심판을 듣고 기뻐하며 유다의 딸
들이 즐거워하였나이다
9 여호와여 주는 온 땅 위에 지존하시고 모든 신들보다
위에 계시니이다
10 여호와를 사랑하는 너희여 악을 미워하라 그가 그의 성
도의 영혼을 보전하사 악인의 손에서 건지시느니라
11 의인을 위하여 빛을 뿌리고 마음이 정직한 자를 위하여
기쁨을 뿌리시는도다
12 의인이여 너희는 여호와로 말미암아 기뻐하며 그의 거
룩한 이름에 감사할지어다

♥ **말씀 묵상** | 1. 당신은 예배를 잘 드리고 나서 주변의 어떤 사람을 섬기고 싶은 마음이 들었습니까?
2. 예배를 잘 드렸기 때문에 당신이 하는 일을 더 열심히 하게 된 경험이 있다면 말씀해 보십시오.

98편

요점 | 온 세상의 심판자를 찬양하라! 믿음과 소망으로 노래하자!

1 새 노래로 여호와께 찬송하라 그는 기이한 일을 행하사
그의 오른손과 거룩한 팔로 자기를 위하여 구원을 베푸
셨음이로다
2 여호와께서 그의 구원을 알게 하시며 그의 공의를 뭇
나라의 목전에서 명백히 나타내셨도다
3 그가 이스라엘의 집에 베푸신 인자와 성실을 기억하셨
으므로 땅 끝까지 이르는 모든 것이 우리 하나님의 구
원을 보았도다
4 온 땅이여 여호와께 즐거이 소리칠지어다 소리 내어 즐
겁게 노래하며 찬송할지어다
5 수금으로 여호와를 노래하라 수금과 음성으로 노래할
지어다
6 나팔과 호각 소리로 왕이신 여호와 앞에 즐겁게 소리칠
지어다
7 바다와 거기 충만한 것과 세계와 그 중에 거주하는 자
는 다 외칠지어다
8 여호와 앞에서 큰 물은 박수할지어다 산악이 함께 즐겁
게 노래할지어다

9 그가 땅을 심판하러 임하실 것임이로다 그가 의로 세계
를 판단하시며 공평으로 그의 백성을 심판하시리로다

♥ 말씀 묵상 | 1. 세상에 불의가 판치는 것 같아 보일 때 당신은 어떻게 반응하였습니까?
2. 당신은 아직도 하나님의 정의가 승리한다는 믿음을 어떻게 유지할 수 있었습니까?

99편

요점 | 하나님의 거룩하심을 찬양하라! 하나님을 만나는 가장 좋은 방법은 예배하는 것이다.

1 여호와께서 다스리시니 만민이 떨 것이요 여호와께서
그룹 사이에 좌정하시니 땅이 흔들릴 것이로다
2 시온에 계시는 여호와는 위대하시고 모든 민족보다 높
으시도다
3 주의 크고 두려운 이름을 찬송할지니 그는 거룩하심이
로다
4 능력 있는 왕은 정의를 사랑하느니라 주께서 공의를 견
고하게 세우시고 주께서 야곱에게 정의와 공의를 행하
시나이다
5 너희는 여호와 우리 하나님을 높여 그의 발등상 앞에서
경배할지어다 그는 거룩하시도다
6 그의 제사장들 중에는 모세와 아론이 있고 그의 이름을
부르는 자들 중에는 사무엘이 있도다 그들이 여호와께
간구하매 응답하셨도다

7 여호와께서 구름 기둥 가운데서 그들에게 말씀하시니
그들은 그가 그들에게 주신 증거와 율례를 지켰도다
8 여호와 우리 하나님이여 주께서는 그들에게 응답하셨
고 그들의 행한 대로 갚기는 하셨으나 그들을 용서하신
하나님이시니이다
9 너희는 여호와 우리 하나님을 높이고 그 성산에서 예배
할지어다 여호와 우리 하나님은 거룩하심이로다

♥ **말씀 묵상 |** 1. 당신은 매일 어디서 예배드립니까?
2. 당신이 예배드릴 때 포함된 순서들이 하나님을 높이는 데 어떻게 도움이 됩니까?

100편

요점 | 온 땅들이 하나님을 찬양하라고 부르심 받았다.

1 온 땅이여 여호와께 즐거운 찬송을 부를지어다
2 기쁨으로 여호와를 섬기며 노래하면서 그의 앞에 나아
갈지어다
3 여호와가 우리 하나님이신 줄 너희는 알지어다 그는 우
리를 지으신 이요 우리는 그의 것이니 그의 백성이요
그의 기르시는 양이로다
4 감사함으로 그의 문에 들어가며 찬송함으로 그의 궁
정에 들어가서 그에게 감사하며 그의 이름을 송축할
지어다

5 여호와는 선하시니 그의 인자하심이 영원하고 그의 성
실하심이 대대에 이르리로다

말씀 묵상 | 1. 하나님을 찬양하기 위해 사람들은 노래도 하고 그림도 그리고 사회 봉사활동도 합니다. 당신은 주로 어떤 활동을 합니까?
2. 하나님을 찬양하기 위해 당신은 어떤 사람들과 함께 모입니까? 아니면 혼자서 무슨 일을 합니까?

101편

요점 | 당신은 왕이 된다면 무엇을 하고 싶은가? 왕이 지켜야 할 공동체의 정의는?

1 내가 인자와 정의를 노래하겠나이다 여호와여 내가 주
께 찬양하리이다
2 내가 완전한 길을 주목하오리니 주께서 어느 때나 내게
임하시겠나이까 내가 완전한 마음으로 내 집 안에서 행
하리이다
3 나는 비천한 것을 내 눈 앞에 두지 아니할 것이요 배교
자들의 행위를 내가 미워하오리니 나는 그 어느 것도
붙들지 아니하리이다
4 사악한 마음이 내게서 떠날 것이니 악한 일을 내가 알
지 아니하리로다
5 자기의 이웃을 은근히 헐뜯는 자를 내가 멸할 것이요
눈이 높고 마음이 교만한 자를 내가 용납하지 아니하리
로다
6 내 눈이 이 땅의 충성된 자를 살펴 나와 함께 살게 하리

니 완전한 길에 행하는 자가 나를 따르리로다
7 거짓을 행하는 자는 내 집 안에 거주하지 못하며 거짓
말하는 자는 내 목전에 서지 못하리로다
8 아침마다 내가 이 땅의 모든 악인을 멸하리니 악을 행
하는 자는 여호와의 성에서 다 끊어지리로다

말씀 묵상 | 1. 당신은 어떤 공동체를 책임지고 있습니까?
2. 그 공동체에서는 하나님을 영화롭게 하기 위해서 어떤 내용을 지킬 것을 약속해야 합니까?

102편

요점 | 하나님을 제외한 모든 것은 사라진다.

1 여호와여 내 기도를 들으시고 나의 부르짖음을 주께 상
달하게 하소서
2 나의 괴로운 날에 주의 얼굴을 내게서 숨기지 마소서
주의 귀를 내게 기울이사 내가 부르짖는 날에 속히 내
게 응답하소서
3 내 날이 연기 같이 소멸하며 내 뼈가 숯 같이 탔음이니
이다
4 내가 음식 먹기도 잊었으므로 내 마음이 풀 같이 시들
고 말라 버렸사오며
5 나의 탄식 소리로 말미암아 나의 살이 뼈에 붙었나이다
6 나는 광야의 올빼미 같고 황폐한 곳의 부엉이 같이 되

었사오며
7 내가 밤을 새우니 지붕 위의 외로운 참새 같으니이다
8 내 원수들이 종일 나를 비방하며 내게 대항하여 미칠
듯이 날뛰는 자들이 나를 가리켜 맹세하나이다
9 나는 재를 양식 같이 먹으며 나는 눈물 섞인 물을 마셨
나이다
10 주의 분노와 진노로 말미암음이라 주께서 나를 들어서
던지셨나이다
11 내 날이 기울어지는 그림자 같고 내가 풀의 시들어짐
같으니이다
12 여호와여 주는 영원히 계시고 주에 대한 기억은 대대에
이르리이다
13 주께서 일어나사 시온을 긍휼히 여기시리니 지금은 그
에게 은혜를 베푸실 때라 정한 기한이 다가옴이니이다
14 주의 종들이 시온의 돌들을 즐거워하며 그의 티끌도 은
혜를 받나이다
15 이에 뭇 나라가 여호와의 이름을 경외하며 이 땅의 모
든 왕들이 주의 영광을 경외하리니
16 여호와께서 시온을 건설하시고 그의 영광 중에 나타나
셨음이라
17 여호와께서 빈궁한 자의 기도를 돌아보시며 그들의 기

도를 멸시하지 아니하셨도다
18 이 일이 장래 세대를 위하여 기록되리니 창조함을 받을
백성이 여호와를 찬양하리로다
19 여호와께서 그의 높은 성소에서 굽어보시며 하늘에서
땅을 살펴 보셨으니
20 이는 갇힌 자의 탄식을 들으시며 죽이기로 정한 자를
해방하사
21 여호와의 이름을 시온에서, 그 영예를 예루살렘에서 선
포하게 하려 하심이라
22 그 때에 민족들과 나라들이 함께 모여 여호와를 섬기리
로다
23 그가 내 힘을 중도에 쇠약하게 하시며 내 날을 짧게 하
셨도다
24 나의 말이 나의 하나님이여 나의 중년에 나를 데려가지
마옵소서 주의 연대는 대대에 무궁하니이다
25 주께서 옛적에 땅의 기초를 놓으셨사오며 하늘도 주의
손으로 지으신 바니이다
26 천지는 없어지려니와 주는 영존하시겠고 그것들은 다
옷 같이 낡으리니 의복 같이 바꾸시면 바뀌려니와
27 주는 한결같으시고 주의 연대는 무궁하리이다
28 주의 종들의 자손은 항상 안전히 거주하고 그의 후손은

주 앞에 굳게 서리이다 하였도다

♥ 말씀 묵상 | 1. 당신은 삶이 유한하다는 것을 언제 절실히 느꼈습니까?
2. 당신은 삶에서 끝나지 않은 고통으로 어떤 것을 경험했습니까?

103편

요점 | 우리의 영혼이 가장 좋은 상태에 있을 때 우리는 하나님을 찬양한다!

1 내 영혼아 여호와를 송축하라 내 속에 있는 것들아 다
그의 거룩한 이름을 송축하라
2 내 영혼아 여호와를 송축하며 그의 모든 은택을 잊지
말지어다
3 그가 네 모든 죄악을 사하시며 네 모든 병을 고치시며
4 네 생명을 파멸에서 속량하시고 인자와 긍휼로 관을 씌
우시며
5 좋은 것으로 네 소원을 만족하게 하사 네 청춘을 독수
리 같이 새롭게 하시는도다
6 여호와께서 공의로운 일을 행하시며 억압 당하는 모든
자를 위하여 심판하시는도다
7 그의 행위를 모세에게, 그의 행사를 이스라엘 자손에게
알리셨도다
8 여호와는 긍휼이 많으시고 은혜로우시며 노하기를 더
디 하시고 인자하심이 풍부하시도다

9 자주 경책하지 아니하시며 노를 영원히 품지 아니하시
리로다
10 우리의 죄를 따라 우리를 처벌하지는 아니하시며 우리
의 죄악을 따라 우리에게 그대로 갚지는 아니하셨으니
11 이는 하늘이 땅에서 높음 같이 그를 경외하는 자에게
그의 인자하심이 크심이로다
12 동이 서에서 먼 것 같이 우리의 죄과를 우리에게서 멀
리 옮기셨으며
13 아버지가 자식을 긍휼히 여김 같이 여호와께서는 자기
를 경외하는 자를 긍휼히 여기시나니
14 이는 그가 우리의 체질을 아시며 우리가 단지 먼지뿐임
을 기억하심이로다
15 인생은 그 날이 풀과 같으며 그 영화가 들의 꽃과 같
도다
16 그것은 바람이 지나가면 없어지나니 그 있던 자리도 다
시 알지 못하거니와
17 여호와의 인자하심은 자기를 경외하는 자에게 영원부
터 영원까지 이르며 그의 의는 자손의 자손에게 이르
리니
18 곧 그의 언약을 지키고 그의 법도를 기억하여 행하는
자에게로다

19 여호와께서 그의 보좌를 하늘에 세우시고 그의 왕권으
로 만유를 다스리시도다
20 능력이 있어 여호와의 말씀을 행하며 그의 말씀의 소리
를 듣는 여호와의 천사들이여 여호와를 송축하라
21 그에게 수종들며 그의 뜻을 행하는 모든 천군이여 여호
와를 송축하라
22 여호와의 지으심을 받고 그가 다스리시는 모든 곳에 있
는 너희여 여호와를 송축하라 내 영혼아 여호와를 송축
하라

말씀 묵상 | 1. 당신은 하나님을 정기적으로 찬양하는 모임을 어디서 가집니까?
2. 당신은 하나님을 찬양하기에 좋은 환경을 만들기 위해 어떤 노력을 하고 있습니까?

104편

요점 | 하나님은 창조주시다! 하나님을 찬양할 때 우리는 절망하지 않는다.

1 내 영혼아 여호와를 송축하라 여호와 나의 하나님이
여 주는 심히 위대하시며 존귀와 권위로 옷 입으셨나
이다
2 주께서 옷을 입음 같이 빛을 입으시며 하늘을 휘장 같
이 치시며
3 물에 자기 누각의 들보를 얹으시며 구름으로 자기 수레
를 삼으시고 바람 날개로 다니시며

4 바람을 자기 사신으로 삼으시고 불꽃으로 자기 사역자
를 삼으시며
5 땅에 기초를 놓으사 영원히 흔들리지 아니하게 하셨나
이다
6 옷으로 덮음 같이 주께서 땅을 깊은 바다로 덮으시매
물이 산들 위로 솟아올랐으나
7 주께서 꾸짖으시니 물은 도망하며 주의 우렛소리로 말
미암아 빨리 가며
8 주께서 그들을 위하여 정하여 주신 곳으로 흘러갔고 산
은 오르고 골짜기는 내려갔나이다
9 주께서 물의 경계를 정하여 넘치지 못하게 하시며 다시
돌아와 땅을 덮지 못하게 하셨나이다
10 여호와께서 샘을 골짜기에서 솟아나게 하시고 산 사이
에 흐르게 하사
11 각종 들짐승에게 마시게 하시니 들나귀들도 해갈하며
12 공중의 새들도 그 가에서 깃들이며 나뭇가지 사이에서
지저귀는도다
13 그가 그의 누각에서부터 산에 물을 부어 주시니 주께서
하시는 일의 결실이 땅을 만족시켜 주는도다
14 그가 가축을 위한 풀과 사람을 위한 채소를 자라게 하
시며 땅에서 먹을 것이 나게 하셔서

15 사람의 마음을 기쁘게 하는 포도주와 사람의 얼굴을 윤
택하게 하는 기름과 사람의 마음을 힘있게 하는 양식을
주셨도다
16 여호와의 나무에는 물이 흡족함이여 곧 그가 심으신 레
바논 백향목들이로다
17 새들이 그 속에 깃들임이여 학은 잣나무로 집을 삼는
도다
18 높은 산들은 산양을 위함이여 바위는 너구리의 피난처
로다
19 여호와께서 달로 절기를 정하심이여 해는 그 지는 때를
알도다
20 주께서 흑암을 지어 밤이 되게 하시니 삼림의 모든 짐
승이 기어나오나이다
21 젊은 사자들은 그들의 먹이를 쫓아 부르짖으며 그들의
먹이를 하나님께 구하다가
22 해가 돋으면 물러가서 그들의 굴 속에 눕고
23 사람은 나와서 일하며 저녁까지 수고하는도다
24 여호와여 주께서 하신 일이 어찌 그리 많은지요 주께서
지혜로 그들을 다 지으셨으니 주께서 지으신 것들이 땅
에 가득하니이다
25 거기에는 크고 넓은 바다가 있고 그 속에는 생물 곧 크

고 작은 동물들이 무수하니이다
26 그 곳에는 배들이 다니며 주께서 지으신 리워야단이 그
속에서 노나이다
27 이것들은 다 주께서 때를 따라 먹을 것을 주시기를 바
라나이다
28 주께서 주신즉 그들이 받으며 주께서 손을 펴신즉 그들
이 좋은 것으로 만족하다가
29 주께서 낯을 숨기신즉 그들이 떨고 주께서 그들의 호흡
을 거두신즉 그들은 죽어 먼지로 돌아가나이다
30 주의 영을 보내어 그들을 창조하사 지면을 새롭게 하시
나이다
31 여호와의 영광이 영원히 계속할지며 여호와는 자신께
서 행하시는 일들로 말미암아 즐거워하시리로다
32 그가 땅을 보신즉 땅이 진동하며 산들을 만지신즉 연기
가 나는도다
33 내가 평생토록 여호와께 노래하며 내가 살아 있는 동안
내 하나님을 찬양하리로다
34 나의 기도를 기쁘게 여기시기를 바라나니 나는 여호와
로 말미암아 즐거워하리로다
35 죄인들을 땅에서 소멸하시며 악인들을 다시 있지 못하
게 하시리로다 내 영혼아 여호와를 송축하라 할렐루야

♥ 말씀 묵상 | 1. 개인의 문제나 공동체의 문제가 해결되지 않은 상태에서도 하나님을 찬양한 경험이 있습니까? 있다면 언제였습니까?
2. 인간 세상의 문제가 아직 해결되지 상황에서도 하나님을 찬양해야 한다면 어떤 말로 찬양하고 싶습니까?

105편

요점 | 과거 역사를 기억하라. 그러면 하나님을 찬양해야 될 이유를 찾아낼 것이다.

1 여호와께 감사하고 그의 이름을 불러 아뢰며 그가 하는
일을 만민 중에 알게 할지어다
2 그에게 노래하며 그를 찬양하며 그의 모든 기이한 일들
을 말할지어다
3 그의 거룩한 이름을 자랑하라 여호와를 구하는 자들은
마음이 즐거울지로다
4 여호와와 그의 능력을 구할지어다 그의 얼굴을 항상 구
할지어다
5 그의 종 아브라함의 후손 곧 택하신 야곱의 자손 너희
| 는 그가 행하신 기적과 그의 이적과 그의 입의 판단을
6 기억할지어다
7 그는 여호와 우리 하나님이시라 그의 판단이 온 땅에
있도다
8 그는 그의 언약 곧 천 대에 걸쳐 명령하신 말씀을 영원
히 기억하셨으니

9 이것은 아브라함과 맺은 언약이고 이삭에게 하신 맹세
이며
10 야곱에게 세우신 율례 곧 이스라엘에게 하신 영원한 언
약이라
11 이르시기를 내가 가나안 땅을 네게 주어 너희에게 할당
된 소유가 되게 하리라 하셨도다
12 그 때에 그들의 사람 수가 적어 그 땅의 나그네가 되
었고
13 이 족속에게서 저 족속에게로, 이 나라에서 다른 민족
에게로 떠돌아다녔도다
14 그러나 그는 사람이 그들을 억압하는 것을 용납하지 아
니하시고 그들로 말미암아 왕들을 꾸짖어
15 이르시기를 나의 기름 부은 자를 손대지 말며 나의 선
지자들을 해하지 말라 하셨도다
16 그가 또 그 땅에 기근이 들게 하사 그들이 의지하고 있
는 양식을 다 끊으셨도다
17 그가 한 사람을 앞서 보내셨음이여 요셉이 종으로 팔렸
도다
18 그의 발은 차꼬를 차고 그의 몸은 쇠사슬에 매였으니
19 곧 여호와의 말씀이 응할 때까지라 그의 말씀이 그를
단련하였도다

20 왕이 사람을 보내어 그를 석방함이여 뭇 백성의 통치자
가 그를 자유롭게 하였도다
21 그를 그의 집의 주관자로 삼아 그의 모든 소유를 관리
하게 하고
22 그의 뜻대로 모든 신하를 다스리며 그의 지혜로 장로들
을 교훈하게 하였도다
23 이에 이스라엘이 애굽에 들어감이여 야곱이 함의 땅에
나그네가 되었도다
24 여호와께서 자기의 백성을 크게 번성하게 하사 그의 대
적들보다 강하게 하셨으며
25 또 그 대적들의 마음이 변하게 하여 그의 백성을 미워
하게 하시며 그의 종들에게 교활하게 행하게 하셨도다
26 그리하여 그는 그의 종 모세와 그의 택하신 아론을 보
내시니
27 그들이 그들의 백성 중에서 여호와의 표적을 보이고 함
의 땅에서 징조들을 행하였도다
28 여호와께서 흑암을 보내사 그곳을 어둡게 하셨으나 그
들은 그의 말씀을 지키지 아니하였도다
29 그들의 물도 변하여 피가 되게 하사 그들의 물고기를
죽이셨도다
30 그 땅에 개구리가 많아져서 왕의 궁실에도 있었도다

31 여호와께서 말씀하신즉 파리 떼가 오며 그들의 온 영토
에 이가 생겼도다
32 비 대신 우박을 내리시며 그들의 땅에 화염을 내리셨
도다
33 그들의 포도나무와 무화과나무를 치시며 그들의 지경
에 있는 나무를 찍으셨도다
34 여호와께서 말씀하신즉 황충과 수많은 메뚜기가 몰
려와
35 그들의 땅에 있는 모든 채소를 먹으며 그들의 밭에 있
는 열매를 먹었도다
36 또 여호와께서 그들의 기력의 시작인 그 땅의 모든 장
자를 치셨도다
37 마침내 그들을 인도하여 은 금을 가지고 나오게 하시니
그의 지파 중에 비틀거리는 자가 하나도 없었도다
38 그들이 떠날 때에 애굽이 기뻐하였으니 그들이 그들을
두려워함이로다
39 여호와께서 낮에는 구름을 펴사 덮개를 삼으시고 밤에
는 불로 밝히셨으며
40 그들이 구한즉 메추라기를 가져 오시고 또 하늘의 양식
으로 그들을 만족하게 하셨도다
41 반석을 여신즉 물이 흘러나와 마른 땅에 강 같이 흘렀

으니
42 이는 그의 거룩한 말씀과 그의 종 아브라함을 기억하셨
음이로다
43 그의 백성이 즐겁게 나오게 하시며 그의 택한 자는 노
래하며 나오게 하시고
44 여러 나라의 땅을 그들에게 주시며 민족들이 수고한 것
을 소유로 가지게 하셨으니
45 이는 그들이 그의 율례를 지키고 그의 율법을 따르게
하려 하심이로다 할렐루야

♥ 말씀 묵상 | 1. 하나님은 당신이 현재의 상태에 있기까지 어떤 일들을 하셨습니까?
2. 하나님은 당신이 현재의 상태에서 살 수 있도록 무슨 일들을 하고 계십니까?

106편

요점 | 우리는 회개함으로 하나님을 찬양할 수 있다! 민족의 죄를 회개하고 용서받자.

1 할렐루야 여호와께 감사하라 그는 선하시며 그 인자하
심이 영원함이로다
2 누가 능히 여호와의 권능을 다 말하며 주께서 받으실
찬양을 다 선포하랴
3 정의를 지키는 자들과 항상 공의를 행하는 자는 복이
있도다
4 여호와여 주의 백성에게 베푸시는 은혜로 나를 기억하

시며 주의 구원으로 나를 돌보사
5 내가 주의 택하신 자가 형통함을 보고 주의 나라의 기
쁨을 나누어 가지게 하사 주의 유산을 자랑하게 하소서
6 우리가 우리의 조상들처럼 범죄하여 사악을 행하며 악
을 지었나이다
7 우리의 조상들이 애굽에 있을 때 주의 기이한 일들을
깨닫지 못하며 주의 크신 인자를 기억하지 아니하고 바
다 곧 홍해에서 거역하였나이다
8 그러나 여호와께서는 자기의 이름을 위하여 그들을 구
원하셨으니 그의 큰 권능을 만인이 알게 하려 하심이
로다
9 이에 홍해를 꾸짖으시니 곧 마르니 그들을 인도하여 바
다 건너가기를 마치 광야를 지나감 같게 하사
10 그들을 그 미워하는 자의 손에서 구원하시며 그 원수의
손에서 구원하셨고
11 그들의 대적들은 물로 덮으시매 그들 중에서 하나도 살
아 남지 못하였도다
12 이에 그들이 그의 말씀을 믿고 그를 찬양하는 노래를
불렀도다
13 그러나 그들은 그가 행하신 일을 곧 잊어버리며 그의
가르침을 기다리지 아니하고

14 광야에서 욕심을 크게 내며 사막에서 하나님을 시험하
였도다
15 그러므로 여호와께서는 그들이 요구한 것을 그들에게
주셨을지라도 그들의 영혼은 쇠약하게 하셨도다
16 그들이 진영에서 모세와 여호와의 거룩한 자 아론을 질
투하매
17 땅이 갈라져 다단을 삼키며 아비람의 당을 덮었고
18 불이 그들의 당에 붙음이여 화염이 악인들을 살랐도다
19 그들이 호렙에서 송아지를 만들고 부어 만든 우상을 경
배하여
20 자기 영광을 풀 먹는 소의 형상으로 바꾸었도다
21 애굽에서 큰 일을 행하신 그의 구원자 하나님을 그들이
잊었나니
22 그는 함의 땅에서 기사와 홍해에서 놀랄 만한 일을 행
하신 이시로다
23 그러므로 여호와께서 그들을 멸하리라 하셨으나 그가
택하신 모세가 그 어려움 가운데에서 그의 앞에 서서
그의 노를 돌이켜 멸하시지 아니하게 하였도다
24 그들이 그 기쁨의 땅을 멸시하며 그 말씀을 믿지 아니
하고
25 그들의 장막에서 원망하며 여호와의 음성을 듣지 아니

하였도다
26 이러므로 그가 그의 손을 들어 그들에게 맹세하기를 그
들이 광야에 엎드러지게 하고
27 또 그들의 후손을 뭇 백성 중에 엎드러뜨리며 여러 나
라로 흩어지게 하리라 하셨도다
28 그들이 또 브올의 바알과 연합하여 죽은 자에게 제사한
음식을 먹어서
29 그 행위로 주를 격노하게 함으로써 재앙이 그들 중에
크게 유행하였도다
30 그 때에 비느하스가 일어서서 중재하니 이에 재앙이 그
쳤도다
31 이 일이 그의 의로 인정되었으니 대대로 영원까지로다
32 그들이 또 므리바 물에서 여호와를 노하시게 하였으므
로 그들 때문에 재난이 모세에게 이르렀나니
33 이는 그들이 그의 뜻을 거역함으로 말미암아 모세가 그
의 입술로 망령되이 말하였음이로다
34 그들은 여호와께서 멸하라고 말씀하신 그 이방 민족들
을 멸하지 아니하고
35 그 이방 나라들과 섞여서 그들의 행위를 배우며
36 그들의 우상들을 섬기므로 그것들이 그들에게 올무가
되었도다

37 그들이 그들의 자녀를 악귀들에게 희생제물로 바쳤
도다
38 무죄한 피 곧 그들의 자녀의 피를 흘려 가나안의 우상
들에게 제사하므로 그 땅이 피로 더러워졌도다
39 그들은 그들의 행위로 더러워지니 그들의 행동이 음탕
하도다
40 그러므로 여호와께서 자기 백성에게 맹렬히 노하시며
자기의 유업을 미워하사
41 그들을 이방 나라의 손에 넘기시매 그들을 미워하는 자
들이 그들을 다스렸도다
42 그들이 원수들의 압박을 받고 그들의 수하에 복종하게
되었도다
43 여호와께서 여러 번 그들을 건지시나 그들은 교묘하
게 거역하며 자기 죄악으로 말미암아 낮아짐을 당하
였도다
44 그러나 여호와께서 그들의 부르짖음을 들으실 때에 그
들의 고통을 돌보시며
45 그들을 위하여 그의 언약을 기억하시고 그 크신 인자하
심을 따라 뜻을 돌이키사
46 그들을 사로잡은 모든 자에게서 긍휼히 여김을 받게 하
셨도다

47 여호와 우리 하나님이여 우리를 구원하사 여러 나라로
부터 모으시고 우리가 주의 거룩하신 이름을 감사하며
주의 영예를 찬양하게 하소서
48 여호와 이스라엘의 하나님을 영원부터 영원까지 찬양
할지어다 모든 백성들아 아멘 할지어다 할렐루야

말씀 묵상 | 1. 어거스틴은 참회록을 썼습니다. 당신의 참회록에는 어떤 내용을 담겠습니까?
2. 진정한 회개는 하나님의 용서와 은혜를 믿고 공개적으로 나눌 수 있는 용기를 줍니다. 하나님의 용서와 은혜를 믿는다는 것을 당신은 어떤 식으로 표현하고 나누겠습니까?

시편 묵상 중간 징검다리

시편 107편과 함께 5권(107-150편)이 시작된다. 5권에서는 다윗 왕국이라는 역사에서 하나님의 나라라는 역사를 초월한 영역으로 옮겨간다.

다른 말로 하면, 5권에서는 미래에 대한 희망, 이 세상 왕국에 있지 않은 소망의 영역으로 넘어간다는 뜻이다. 실제 세상에서 시인은 좌절과 실망을 경험했다. 그러나 시인은 이제 하나님이 다스리시는 미래에 소망을 둔다. 하나님은 우리를 이 고난의 바다에서 건져내셔서 현실 너머로 인도하실 것이다.

107편

요점 | 하나님의 왕국은 영원하다. 하나님의 변함없는 사랑을 찬양하자.

1 여호와께 감사하라 그는 선하시며 그 인자하심이 영원
함이로다
2 여호와의 속량을 받은 자들은 이같이 말할지어다 여호
와께서 대적의 손에서 그들을 속량하사
3 동서 남북 각 지방에서부터 모으셨도다

4 그들이 광야 사막 길에서 방황하며 거주할 성읍을 찾지
못하고
5 주리고 목이 말라 그들의 영혼이 그들 안에서 피곤하였
도다
6 이에 그들이 근심 중에 여호와께 부르짖으매 그들의 고
통에서 건지시고
7 또 바른 길로 인도하사 거주할 성읍에 이르게 하셨도다
8 여호와의 인자하심과 인생에게 행하신 기적으로 말미
암아 그를 찬송할지로다
9 그가 사모하는 영혼에게 만족을 주시며 주린 영혼에게
좋은 것으로 채워주심이로다
10 사람이 흑암과 사망의 그늘에 앉으며 곤고와 쇠사슬에
매임은
11 하나님의 말씀을 거역하며 지존자의 뜻을 멸시함이라
12 그러므로 그가 고통을 주어 그들의 마음을 겸손하게 하
셨으니 그들이 엎드러져도 돕는 자가 없었도다
13 이에 그들이 그 환난 중에 여호와께 부르짖으매 그들의
고통에서 구원하시되
14 흑암과 사망의 그늘에서 인도하여 내시고 그들의 얽어
맨 줄을 끊으셨도다
15 여호와의 인자하심과 인생에게 행하신 기적으로 말미

암아 그를 찬송할지로다
16 그가 놋문을 깨뜨리시며 쇠빗장을 꺾으셨음이로다
17 미련한 자들은 그들의 죄악의 길을 따르고 그들의 악을
범하기 때문에 고난을 받아
18 그들은 그들의 모든 음식물을 싫어하게 되어 사망의 문
에 이르렀도다
19 이에 그들이 그들의 고통 때문에 여호와께 부르짖으매
그가 그들의 고통에서 그들을 구원하시되
20 그가 그의 말씀을 보내어 그들을 고치시고 위험한 지경
에서 건지시는도다
21 여호와의 인자하심과 인생에게 행하신 기적으로 말미
암아 그를 찬송할지로다
22 감사제를 드리며 노래하여 그가 행하신 일을 선포할지
로다
23 배들을 바다에 띄우며 큰 물에서 일을 하는 자는
24 여호와께서 행하신 일들과 그의 기이한 일들을 깊은 바
다에서 보나니
25 여호와께서 명령하신즉 광풍이 일어나 바다 물결을 일
으키는도다
26 그들이 하늘로 솟구쳤다가 깊은 곳으로 내려가나니 그
위험 때문에 그들의 영혼이 녹는도다

27 그들이 이리저리 구르며 취한 자 같이 비틀거리니 그들
의 모든 지각이 혼돈 속에 빠지는도다
28 이에 그들이 그들의 고통 때문에 여호와께 부르짖으매
그가 그들의 고통에서 그들을 인도하여 내시고
29 광풍을 고요하게 하사 물결도 잔잔하게 하시는도다
30 그들이 평온함으로 말미암아 기뻐하는 중에 여호와께
서 그들이 바라는 항구로 인도하시는도다
31 여호와의 인자하심과 인생에게 행하신 기적으로 말미
암아 그를 찬송할지로다
32 백성의 모임에서 그를 높이며 장로들의 자리에서 그를
찬송할지로다
33 여호와께서는 강이 변하여 광야가 되게 하시며 샘이 변
하여 마른 땅이 되게 하시며
34 그 주민의 악으로 말미암아 옥토가 변하여 염전이 되게
하시며
35 또 광야가 변하여 못이 되게 하시며 마른 땅이 변하여
샘물이 되게 하시고
36 주린 자들로 거기에 살게 하사 그들이 거주할 성읍을
준비하게 하시고
37 밭에 파종하며 포도원을 재배하여 풍성한 소출을 거두
게 하시며

38 또 복을 주사 그들이 크게 번성하게 하시고 그의 가축
이 감소하지 아니하게 하실지라도
39 다시 압박과 재난과 우환을 통하여 그들의 수를 줄이시
며 낮추시는도다
40 여호와께서 고관들에게는 능욕을 쏟아 부으시고 길 없
는 황야에서 유리하게 하시나
41 궁핍한 자는 그의 고통으로부터 건져 주시고 그의 가족
을 양 떼 같이 지켜 주시나니
42 정직한 자는 보고 기뻐하며 모든 사악한 자는 자기 입
을 봉하리로다
43 지혜 있는 자들은 이러한 일들을 지켜 보고 여호와의
인자하심을 깨달으리로다

♥ **말씀 묵상** | 1. 당신은 개인적으로 부모님과 수많은 갈등을 겪고 어려움도 있었지만 부모님이 당신을 사랑한다는 것을 어떻게 알 수 있습니까?
2. 자녀가 정말 자기를 사랑하느냐고 물으면 당신은 어떻게 당신의 사랑을 보여줄 수 있습니까?

108편

요점 | 우리는 하나님을 변함없이 찬양하고 있는가? 하나님의 약속을 의지하자.

1 하나님이여 내 마음을 정하였사오니 내가 노래하며 나
의 마음을 다하여 찬양하리로다
2 비파야, 수금아, 깰지어다 내가 새벽을 깨우리로다

3 여호와여 내가 만민 중에서 주께 감사하고 뭇 나라 중
에서 주를 찬양하오리니
4 주의 인자하심이 하늘보다 높으시며 주의 진실은 궁창
에까지 이르나이다
5 하나님이여 주는 하늘 위에 높이 들리시며 주의 영광이
온 땅에서 높임 받으시기를 원하나이다
6 주께서 사랑하시는 자들을 건지시기 위하여 우리에게
응답하사 오른손으로 구원하소서
7 하나님이 그의 성소에서 말씀하시되 내가 기뻐하리라
내가 세겜을 나누며 숙곳 골짜기를 측량하리라
8 길르앗이 내 것이요 므낫세도 내 것이며 에브라임은 내
머리의 투구요 유다는 나의 규이며
9 모압은 내 목욕통이라 에돔에는 내 신발을 벗어 던질지
며 블레셋 위에서 내가 외치리라 하셨도다
10 누가 나를 이끌어 견고한 성읍으로 인도해 들이며 누가
나를 에돔으로 인도할꼬
11 하나님이여 주께서 우리를 버리지 아니하셨나이까 하
나님이여 주께서 우리의 군대들과 함께 나아가지 아니
하시나이다
12 우리를 도와 대적을 치게 하소서 사람의 구원은 헛됨이
니이다

13 우리가 하나님을 의지하고 용감히 행하리니 그는 우리
의 대적들을 밟으실 자이심이로다

♥ **말씀 묵상** | 1. 당신은 언제 하나님의 약속이 신실하다는 확신을 체험하여 보았습니까?
2. 하나님이 응답하시기 이전에도 확신을 가지고 하나님을 찬양한 경험이 있습니까?

109편

요점 | 우리는 부당한 취급을 받을 때 어찌해야 할까?

1 내가 찬양하는 하나님이여 잠잠하지 마옵소서
2 그들이 악한 입과 거짓된 입을 열어 나를 치며 속이는
혀로 내게 말하며
3 또 미워하는 말로 나를 두르고 까닭 없이 나를 공격하
였음이니이다
4 나는 사랑하나 그들은 도리어 나를 대적하니 나는 기도
할 뿐이라
5 그들이 악으로 나의 선을 갚으며 미워함으로 나의 사랑
을 갚았사오니
6 악인이 그를 다스리게 하시며 사탄이 그의 오른쪽에 서
게 하소서
7 그가 심판을 받을 때에 죄인이 되어 나오게 하시며 그
의 기도가 죄로 변하게 하시며
8 그의 연수를 짧게 하시며 그의 직분을 타인이 빼앗게

하시며
9 그의 자녀는 고아가 되고 그의 아내는 과부가 되며
10 그의 자녀들은 유리하며 구걸하고 그들의 황폐한 집을
떠나 빌어먹게 하소서
11 고리대금하는 자가 그의 소유를 다 빼앗게 하시며 그가
수고한 것을 낯선 사람이 탈취하게 하시며
12 그에게 인애를 베풀 자가 없게 하시며 그의 고아에게
은혜를 베풀 자도 없게 하시며
13 그의 자손이 끊어지게 하시며 후대에 그들의 이름이 지
워지게 하소서
14 여호와는 그의 조상들의 죄악을 기억하시며 그의 어머
니의 죄를 지워 버리지 마시고
15 그 죄악을 항상 여호와 앞에 있게 하사 그들의 기억을
땅에서 끊으소서
16 그가 인자를 베풀 일을 생각하지 아니하고 가난하고 궁
핍한 자와 마음이 상한 자를 핍박하여 죽이려 하였기
때문이니이다
17 그가 저주하기를 좋아하더니 그것이 자기에게 임하고
축복하기를 기뻐하지 아니하더니 복이 그를 멀리 떠났
으며
18 또 저주하기를 옷 입듯 하더니 저주가 물 같이 그의 몸

속으로 들어가며 기름 같이 그의 뼈 속으로 들어갔나
이다
19 저주가 그에게는 입는 옷 같고 항상 띠는 띠와 같게 하
소서
20 이는 나의 대적들이 곧 내 영혼을 대적하여 악담하는
자들이 여호와께 받는 보응이니이다
21 그러나 주 여호와여 주의 이름으로 말미암아 나를 선대
하소서 주의 인자하심이 선하시오니 나를 건지소서
22 나는 가난하고 궁핍하여 나의 중심이 상함이니이다
23 나는 석양 그림자 같이 지나가고 또 메뚜기 같이 불려
가오며
24 금식하므로 내 무릎이 흔들리고 내 육체는 수척하오며
25 나는 또 그들의 비방거리라 그들이 나를 보면 머리를
흔드나이다
26 여호와 나의 하나님이여 나를 도우시며 주의 인자하심
을 따라 나를 구원하소서
27 이것이 주의 손이 하신 일인 줄을 그들이 알게 하소서
주 여호와께서 이를 행하셨나이다
28 그들은 내게 저주하여도 주는 내게 복을 주소서 그들은
일어날 때에 수치를 당할지라도 주의 종은 즐거워하리
이다

29 나의 대적들이 욕을 옷 입듯 하게 하시며 자기 수치를
겉옷 같이 입게 하소서
30 내가 입으로 여호와께 크게 감사하며 많은 사람 중에서
찬송하리니
31 그가 궁핍한 자의 오른쪽에 서사 그의 영혼을 심판하려
하는 자들에게서 구원하실 것임이로다

♥ **말씀 묵상** | 1. 오늘 내가 축복하고 싶은 대적자들은 누구입니까?
2. 그들에게 마음껏 축복하고 그것이 내게 돌아올 것이라고 확신하는 축복의 내용은 무엇입니까?

110편

요점 | 하나님을 계속 찬양하면 하나님도 당신의 계획을 알려 주신다!

1 여호와께서 내 주에게 말씀하시기를 내가 네 원수들로
네 발판이 되게 하기까지 너는 내 오른쪽에 앉아 있으
라 하셨도다
2 여호와께서 시온에서부터 주의 권능의 규를 내보내시
리니 주는 원수들 중에서 다스리소서
3 주의 권능의 날에 주의 백성이 거룩한 옷을 입고 즐거
이 헌신하니 새벽 이슬 같은 주의 청년들이 주께 나오
는도다
4 여호와는 맹세하고 변하지 아니하시리라 이르시기를
너는 멜기세덱의 서열을 따라 영원한 제사장이라 하셨

도다

5 주의 오른쪽에 계신 주께서 그의 노하시는 날에 왕들을 쳐서 깨뜨리실 것이라

6 뭇 나라를 심판하여 시체로 가득하게 하시고 여러 나라의 머리를 쳐서 깨뜨리시며

7 길 가의 시냇물을 마시므로 그의 머리를 드시리로다

♥ 말씀 묵상 | 1. 당신은 기도 중에 어떤 하나님의 계시를 받아 보았습니까?
2. 당신은 세상의 종말에 어떤 일이 일어날 것을 알고 있습니까? 그것을 어떻게 압니까?

111편

요점 | 모든 상황에서 하나님을 찬양하는 것이 합당하다!

1 할렐루야, 내가 정직한 자들의 모임과 회중 가운데에서 전심으로 여호와께 감사하리로다

2 여호와께서 행하시는 일들이 크시오니 이를 즐거워하는 자들이 다 기리는도다

3 그의 행하시는 일이 존귀하고 엄위하며 그의 의가 영원히 서 있도다

4 그의 기적을 사람이 기억하게 하셨으니 여호와는 은혜로우시고 자비로우시도다

5 여호와께서 자기를 경외하는 자들에게 양식을 주시며 그의 언약을 영원히 기억하시리로다

6 그가 그들에게 뭇 나라의 기업을 주사 그가 행하시는
일의 능력을 그들에게 알리셨도다
7 그의 손이 하는 일은 진실과 정의이며 그의 법도는 다
확실하니
8 영원무궁토록 정하신 바요 진실과 정의로 행하신 바
로다
9 여호와께서 그의 백성을 속량하시며 그의 언약을 영원
히 세우셨으니 그의 이름이 거룩하고 지존하시도다
10 여호와를 경외함이 지혜의 근본이라 그의 계명을 지키
는 자는 다 훌륭한 지각을 가진 자이니 여호와를 찬양
함이 영원히 계속되리로다

말씀 묵상 | 1. 아직도 당신 자신을 괜찮은 사람이라고 여기게 만드는 것은 무엇입니까?
2. 하나님께서는 그 문제에 대해서 당신께 무엇이라고 말씀하십니까?

112편

요점 | 의로운 자의 축복 그리고 악한 자들의 행위.

1 할렐루야, 여호와를 경외하며 그의 계명을 크게 즐거워
하는 자는 복이 있도다
2 그의 후손이 땅에서 강성함이여 정직한 자들의 후손에
게 복이 있으리로다
3 부와 재물이 그의 집에 있음이여 그의 공의가 영구히

서 있으리로다

4 정직한 자들에게는 흑암 중에 빛이 일어나나니 그는 자

비롭고 긍휼이 많으며 의로운 이로다

5 은혜를 베풀며 꾸어 주는 자는 잘 되나니 그 일을 정의

로 행하리로다

6 그는 영원히 흔들리지 아니함이여 의인은 영원히 기억

되리로다

7 그는 흉한 소문을 두려워하지 아니함이여 여호와를 의

뢰하고 그의 마음을 굳게 정하였도다

8 그의 마음이 견고하여 두려워하지 아니할 것이라 그의

대적들이 받는 보응을 마침내 보리로다

9 그가 재물을 흩어 빈궁한 자들에게 주었으니 그의 의가

영구히 있고 그의 뿔이 영광 중에 들리리로다

10 악인은 이를 보고 한탄하여 이를 갈면서 소멸되리니 악

인들의 욕망은 사라지리로다

♥ **말씀 묵상** | 1. 당신은 하나님이 주실 그 많은 재물을 가지고 무엇을 할 것입니까?
2. 당신은 후손에게 하나님께 받을 그 힘을 가지고 무엇을 하라고 가르칠 것입니까?

113편

요점 | 하나님은 모든 민족들 위에 뛰어나시다! 하나님은 궁핍한 자를 도우신다.

1 할렐루야, 여호와의 종들아 찬양하라 여호와의 이름을

찬양하라

2 이제부터 영원까지 여호와의 이름을 찬송할지로다

3 해 돋는 데에서부터 해 지는 데에까지 여호와의 이름이 찬양을 받으시리로다

4 여호와는 모든 나라보다 높으시며 그의 영광은 하늘보다 높으시도다

5 여호와 우리 하나님과 같은 이가 누구리요 높은 곳에 앉으셨으나

6 스스로 낮추사 천지를 살피시고

7 가난한 자를 먼지 더미에서 일으키시며 궁핍한 자를 거름 더미에서 들어 세워

8 지도자들 곧 그의 백성의 지도자들과 함께 세우시며

9 또 임신하지 못하던 여자를 집에 살게 하사 자녀들을 즐겁게 하는 어머니가 되게 하시는도다 할렐루야

♥ **말씀 묵상** | 1. 당신은 어떤 의미에서 가난합니까?
2. 당신은 영적으로, 사회적으로, 신앙적으로, 혹은 육신적으로 어떤 자녀들을 생산하였습니까?

114편

요점 | 지난날의 즐거움을 기억하라!

1 이스라엘이 애굽에서 나오며 야곱의 집안이 언어가 다른 민족에게서 나올 때에

2 유다는 여호와의 성소가 되고 이스라엘은 그의 영토가
되었도다
3 바다가 보고 도망하며 요단은 물러갔으니
4 산들은 숫양들 같이 뛰놀며 작은 산들은 어린 양들 같
이 뛰었도다
5 바다야 네가 도망함은 어찌함이며 요단아 네가 물러감
은 어찌함인가
6 너희 산들아 숫양들 같이 뛰놀며 작은 산들아 어린 양
들 같이 뛰놂은 어찌함인가
7 땅이여 너는 주 앞 곧 야곱의 하나님 앞에서 떨지어다
8 그가 반석을 쳐서 못물이 되게 하시며 차돌로 샘물이
되게 하셨도다

♥ **말씀 묵상** | 1. 당신은 인생 전체 중에서 언제가 가장 행복했습니까?
2. 그때 하나님은 어떤 역할을 하셨습니까?

115편

요점 | 우상의 무능력과 하나님의 위대하심

1 여호와여 영광을 우리에게 돌리지 마옵소서 우리에게
돌리지 마옵소서 오직 주는 인자하시고 진실하시므로
주의 이름에만 영광을 돌리소서
2 어찌하여 뭇 나라가 그들의 하나님이 이제 어디 있느냐

말하게 하리이까

3 오직 우리 하나님은 하늘에 계셔서 원하시는 모든 것을

행하셨나이다

4 그들의 우상들은 은과 금이요 사람이 손으로 만든 것

이라

5 입이 있어도 말하지 못하며 눈이 있어도 보지 못하며

6 귀가 있어도 듣지 못하며 코가 있어도 냄새 맡지 못

하며

7 손이 있어도 만지지 못하며 발이 있어도 걷지 못하며

목구멍이 있어도 작은 소리조차 내지 못하느니라

8 우상들을 만드는 자들과 그것을 의지하는 자들이 다 그

와 같으리로다

9 이스라엘아 여호와를 의지하라 그는 너희의 도움이시

요 너희의 방패시로다

10 아론의 집이여 여호와를 의지하라 그는 너희의 도움이

시요 너희의 방패시로다

11 여호와를 경외하는 자들아 너희는 여호와를 의지하여

라 그는 너희의 도움이시요 너희의 방패시로다

12 여호와께서 우리를 생각하사 복을 주시되 이스라엘 집

에도 복을 주시고 아론의 집에도 복을 주시며

13 높은 사람이나 낮은 사람을 막론하고 여호와를 경외하

는 자들에게 복을 주시리로다

14 여호와께서 너희를 곧 너희와 너희의 자손을 더욱 번창
하게 하시기를 원하노라

15 너희는 천지를 지으신 여호와께 복을 받는 자로다

16 하늘은 여호와의 하늘이라도 땅은 사람에게 주셨도다

17 죽은 자들은 여호와를 찬양하지 못하나니 적막한 데로
내려가는 자들은 아무도 찬양하지 못하리로다

18 우리는 이제부터 영원까지 여호와를 송축하리로다 할
렐루야

말씀 묵상 | 1. 지금껏 당신이 섬겨왔던 우상은 무엇입니까?
2. 삶 속에서 우상들을 완전히 제거하기 위해서 당신이 할 일은 무엇입니까?

116편

요점 | 진정한 찬양과 봉사는 회복된 믿음에서 나온다.

1 여호와께서 내 음성과 내 간구를 들으시므로 내가 그를
사랑하는도다

2 그의 귀를 내게 기울이셨으므로 내가 평생에 기도하리
로다

3 사망의 줄이 나를 두르고 스올의 고통이 내게 이르므로
내가 환난과 슬픔을 만났을 때에

4 내가 여호와의 이름으로 기도하기를 여호와여 주께 구

하오니 내 영혼을 건지소서 하였도다
5 여호와는 은혜로우시며 의로우시며 우리 하나님은 긍
휼이 많으시도다
6 여호와께서는 순진한 자를 지키시나니 내가 어려울 때
에 나를 구원하셨도다
7 내 영혼아 네 평안함으로 돌아갈지어다 여호와께서 너
를 후대하심이로다
8 주께서 내 영혼을 사망에서, 내 눈을 눈물에서, 내 발을
넘어짐에서 건지셨나이다
9 내가 생명이 있는 땅에서 여호와 앞에 행하리로다
10 내가 크게 고통을 당하였다고 말할 때에도 나는 믿었
도다
11 내가 놀라서 이르기를 모든 사람이 거짓말쟁이라 하였
도다
12 내게 주신 모든 은혜를 내가 여호와께 무엇으로 보답
할까
13 내가 구원의 잔을 들고 여호와의 이름을 부르며
14 여호와의 모든 백성 앞에서 나는 나의 서원을 여호와께
갚으리로다
15 그의 경건한 자들의 죽음은 여호와께서 보시기에 귀중
한 것이로다

16 여호와여 나는 진실로 주의 종이요 주의 여종의 아들
곧 주의 종이라 주께서 나의 결박을 푸셨나이다
17 내가 주께 감사제를 드리고 여호와의 이름을 부르리
이다
18 내가 여호와께 서원한 것을 그의 모든 백성이 보는 앞
에서 내가 지키리로다
19 예루살렘아, 네 한가운데에서 곧 여호와의 성전 뜰에서
지키리로다 할렐루야

♥ 말씀 묵상 | 1. 믿음이 단련되기 위해서 당신에게 필요했던 고통은 무엇이었다고 생각합니까?
2. 당신의 믿음을 단련하는 데 아무 도움이 되지 못했던 고통은 무엇이었습니까? 왜 그것이 믿음을 단련하는 데 도움을 주지 못했습니까?

117편

요점 | 인생 전체에 걸쳐 단 한 문장만 말할 수 있다면 무슨 말을 할 것인가?

1 너희 모든 나라들아 여호와를 찬양하며 너희 모든 백성
들아 그를 찬송할지어다
2 우리에게 향하신 여호와의 인자하심이 크시고 여호와
의 진실하심이 영원함이로다 할렐루야

♥ 말씀 묵상 | 1. 숨을 거두기 직전에 할 말은 무엇입니까?
2. 당신의 자녀들과 사랑하는 주변 사람들이 당신이 한 말 중에 꼭 기억할 것이라고 생각하는 말은 무엇입니까?

118편

요점 | 하나님의 인자하심이 영원하다.

1 여호와께 감사하라 그는 선하시며 그의 인자하심이 영
원함이로다
2 이제 이스라엘은 말하기를 그의 인자하심이 영원하다
할지로다
3 이제 아론의 집은 말하기를 그의 인자하심이 영원하다
할지로다
4 이제 여호와를 경외하는 자는 말하기를 그의 인자하심
이 영원하다 할지로다
5 내가 고통 중에 여호와께 부르짖었더니 여호와께서 응
답하시고 나를 넓은 곳에 세우셨도다
6 여호와는 내 편이시라 내가 두려워하지 아니하리니 사
람이 내게 어찌할까
7 여호와께서 내 편이 되사 나를 돕는 자들 중에 계시니
그러므로 나를 미워하는 자들에게 보응하시는 것을 내
가 보리로다
8 여호와께 피하는 것이 사람을 신뢰하는 것보다 나으며
9 여호와께 피하는 것이 고관들을 신뢰하는 것보다 낫
도다

10 뭇 나라가 나를 에워쌌으니 내가 여호와의 이름으로 그
들을 끊으리로다
11 그들이 나를 에워싸고 에워쌌으니 내가 여호와의 이름
으로 그들을 끊으리로다
12 그들이 벌들처럼 나를 에워쌌으나 가시덤불의 불 같이
타 없어졌나니 내가 여호와의 이름으로 그들을 끊으리
로다
13 너는 나를 밀쳐 넘어뜨리려 하였으나 여호와께서는 나
를 도우셨도다
14 여호와는 나의 능력과 찬송이시요 또 나의 구원이 되셨
도다
15 의인들의 장막에는 기쁜 소리, 구원의 소리가 있음이여
여호와의 오른손이 권능을 베푸시며
16 여호와의 오른손이 높이 들렸으며 여호와의 오른손이
권능을 베푸시는도다
17 내가 죽지 않고 살아서 여호와께서 하시는 일을 선포하
리로다
18 여호와께서 나를 심히 경책하셨어도 죽음에는 넘기지
아니하셨도다
19 내게 의의 문들을 열지어다 내가 그리로 들어가서 여호
와께 감사하리로다

20 이는 여호와의 문이라 의인들이 그리로 들어가리로다
21 주께서 내게 응답하시고 나의 구원이 되셨으니 내가 주
께 감사하리이다
22 건축자가 버린 돌이 집 모퉁이의 머릿돌이 되었나니
23 이는 여호와께서 행하신 것이요 우리 눈에 기이한 바
로다
24 이 날은 여호와께서 정하신 것이라 이 날에 우리가 즐
거워하고 기뻐하리로다
25 여호와여 구하옵나니 이제 구원하소서 여호와여 우리
가 구하옵나니 이제 형통하게 하소서
26 여호와의 이름으로 오는 자가 복이 있음이여 우리가 여
호와의 집에서 너희를 축복하였도다
27 여호와는 하나님이시라 그가 우리에게 빛을 비추셨으
니 밧줄로 절기 제물을 제단 뿔에 맬지어다
28 주는 나의 하나님이시라 내가 주께 감사하리이다 주는
나의 하나님이시라 내가 주를 높이리이다
29 여호와께 감사하라 그는 선하시며 그의 인자하심이 영
원함이로다

♥ **말씀 묵상 |** 1. 당신은 "어떻게 나 같은 사람이 이런 일을 할 수 있었을까? 하나님의 은혜입니다!" 하는 고백이 나오는 일들로 무엇을 들 수 있습니까?
2. 당신이 속한 공동체에서 "하나님이 하셨습니다!" 하고 고백할 수밖에 없는 일들을 나열해 보십시오.

119편

요점 | 하나님의 율법을 지키는 것이 우리 삶에서 가장 좋은 일이다.

1 행위가 온전하여 여호와의 율법을 따라 행하는 자들은
복이 있음이여
2 여호와의 증거들을 지키고 전심으로 여호와를 구하는
자는 복이 있도다
3 참으로 그들은 불의를 행하지 아니하고 주의 도를 행하
는도다
4 주께서 명령하사 주의 법도를 잘 지키게 하셨나이다
5 내 길을 굳게 정하사 주의 율례를 지키게 하소서
6 내가 주의 모든 계명에 주의할 때에는 부끄럽지 아니하
리이다
7 내가 주의 의로운 판단을 배울 때에는 정직한 마음으로
주께 감사하리이다
8 내가 주의 율례들을 지키오리니 나를 아주 버리지 마옵
소서
9 청년이 무엇으로 그의 행실을 깨끗하게 하리이까 주의
말씀만 지킬 따름이니이다
10 내가 전심으로 주를 찾았사오니 주의 계명에서 떠나지
말게 하소서

11 내가 주께 범죄하지 아니하려 하여 주의 말씀을 내 마
음에 두었나이다
12 찬송을 받으실 주 여호와여 주의 율례들을 내게 가르치
소서
13 주의 입의 모든 규례들을 나의 입술로 선포하였으며
14 내가 모든 재물을 즐거워함 같이 주의 증거들의 도를
즐거워하였나이다
15 내가 주의 법도들을 작은 소리로 읊조리며 주의 길들에
주의하며
16 주의 율례들을 즐거워하며 주의 말씀을 잊지 아니하리
이다
17 주의 종을 후대하여 살게 하소서 그리하시면 주의 말씀
을 지키리이다
18 내 눈을 열어서 주의 율법에서 놀라운 것을 보게 하소
서
19 나는 땅에서 나그네가 되었사오니 주의 계명들을 내게
숨기지 마소서
20 주의 규례들을 항상 사모함으로 내 마음이 상하나이다
21 교만하여 저주를 받으며 주의 계명들에서 떠나는 자들
을 주께서 꾸짖으셨나이다
22 내가 주의 교훈들을 지켰사오니 비방과 멸시를 내게서

떠나게 하소서
23 고관들도 앉아서 나를 비방하였사오나 주의 종은 주의
율례들을 작은 소리로 읊조렸나이다
24 주의 증거들은 나의 즐거움이요 나의 충고자니이다
25 내 영혼이 진토에 붙었사오니 주의 말씀대로 나를 살아
나게 하소서
26 내가 나의 행위를 아뢰매 주께서 내게 응답하셨사오니
주의 율례들을 내게 가르치소서
27 나에게 주의 법도들의 길을 깨닫게 하여 주소서 그리
하시면 내가 주의 기이한 일들을 작은 소리로 읊조리
리이다
28 나의 영혼이 눌림으로 말미암아 녹사오니 주의 말씀대
로 나를 세우소서
29 거짓 행위를 내게서 떠나게 하시고 주의 법을 내게 은
혜로이 베푸소서
30 내가 성실한 길을 택하고 주의 규례들을 내 앞에 두었
나이다
31 내가 주의 증거들에 매달렸사오니 여호와여 내가 수치
를 당하지 말게 하소서
32 주께서 내 마음을 넓히시면 내가 주의 계명들의 길로
달려가리이다

33 여호와여 주의 율례들의 도를 내게 가르치소서 내가 끝
까지 지키리이다
34 나로 하여금 깨닫게 하여 주소서 내가 주의 법을 준행
하며 전심으로 지키리이다
35 나로 하여금 주의 계명들의 길로 행하게 하소서 내가
이를 즐거워함이니이다
36 내 마음을 주의 증거들에게 향하게 하시고 탐욕으로 향
하지 말게 하소서
37 내 눈을 돌이켜 허탄한 것을 보지 말게 하시고 주의 길
에서 나를 살아나게 하소서
38 주를 경외하게 하는 주의 말씀을 주의 종에게 세우소서
39 내가 두려워하는 비방을 내게서 떠나게 하소서 주의 규
례들은 선하심이니이다
40 내가 주의 법도들을 사모하였사오니 주의 의로 나를 살
아나게 하소서
41 여호와여 주의 말씀대로 주의 인자하심과 주의 구원을
내게 임하게 하소서
42 그리하시면 내가 나를 비방하는 자들에게 대답할 말이
있사오리니 내가 주의 말씀을 의지함이니이다
43 진리의 말씀이 내 입에서 조금도 떠나지 말게 하소서
내가 주의 규례를 바랐음이니이다

44 내가 주의 율법을 항상 지키리이다 영원히 지키리이다
45 내가 주의 법도들을 구하였사오니 자유롭게 걸어갈 것
이오며
46 또 왕들 앞에서 주의 교훈들을 말할 때에 수치를 당하
지 아니하겠사오며
47 내가 사랑하는 주의 계명들을 스스로 즐거워하며
48 또 내가 사랑하는 주의 계명들을 향하여 내 손을 들고
주의 율례들을 작은 소리로 읊조리리이다
49 주의 종에게 하신 말씀을 기억하소서 주께서 내게 소망
을 가지게 하셨나이다
50 이 말씀은 나의 고난 중의 위로라 주의 말씀이 나를 살
리셨기 때문이니이다
51 교만한 자들이 나를 심히 조롱하였어도 나는 주의 법을
떠나지 아니하였나이다
52 여호와여 주의 옛 규례들을 내가 기억하고 스스로 위로
하였나이다
53 주의 율법을 버린 악인들로 말미암아 내가 맹렬한 분노
에 사로잡혔나이다
54 내가 나그네 된 집에서 주의 율례들이 나의 노래가 되
었나이다
55 여호와여 내가 밤에 주의 이름을 기억하고 주의 법을

지켰나이다

56 내 소유는 이것이니 곧 주의 법도들을 지킨 것이니이다

57 여호와는 나의 분깃이시니 나는 주의 말씀을 지키리라
하였나이다

58 내가 전심으로 주께 간구하였사오니 주의 말씀대로 내
게 은혜를 베푸소서

59 내가 내 행위를 생각하고 주의 증거들을 향하여 내 발
길을 돌이켰사오며

60 주의 계명들을 지키기에 신속히 하고 지체하지 아니하
였나이다

61 악인들의 줄이 내게 두루 얽혔을지라도 나는 주의 법을
잊지 아니하였나이다

62 내가 주의 의로운 규례들로 말미암아 밤중에 일어나 주
께 감사하리이다

63 나는 주를 경외하는 모든 자들과 주의 법도들을 지키는
자들의 친구라

64 여호와여 주의 인자하심이 땅에 충만하였사오니 주의
율례들로 나를 가르치소서

65 여호와여 주의 말씀대로 주의 종을 선대하셨나이다

66 내가 주의 계명들을 믿었사오니 좋은 명철과 지식을 내
게 가르치소서

67 고난 당하기 전에는 내가 그릇 행하였더니 이제는 주의
말씀을 지키나이다
68 주는 선하사 선을 행하시오니 주의 율례들로 나를 가르
치소서
69 교만한 자들이 거짓을 지어 나를 치려 하였사오나 나는
전심으로 주의 법도들을 지키리이다
70 그들의 마음은 살져서 기름덩이 같으나 나는 주의 법을
즐거워하나이다
71 고난 당한 것이 내게 유익이라 이로 말미암아 내가 주
의 율례들을 배우게 되었나이다
72 주의 입의 법이 내게는 천천 금은보다 좋으니이다
73 주의 손이 나를 만들고 세우셨사오니 내가 깨달아 주의
계명들을 배우게 하소서
74 주를 경외하는 자들이 나를 보고 기뻐하는 것은 내가
주의 말씀을 바라는 까닭이니이다
75 여호와여 내가 알거니와 주의 심판은 의로우시고 주께
서 나를 괴롭게 하심은 성실하심 때문이니이다
76 구하오니 주의 종에게 하신 말씀대로 주의 인자하심이
나의 위안이 되게 하시며
77 주의 긍휼히 여기심이 내게 임하사 내가 살게 하소서
주의 법은 나의 즐거움이니이다

78 교만한 자들이 거짓으로 나를 엎드러뜨렸으니 그들이
수치를 당하게 하소서 나는 주의 법도들을 작은 소리로
읊조리리이다
79 주를 경외하는 자들이 내게 돌아오게 하소서 그리하시
면 그들이 주의 증거들을 알리이다
80 내 마음으로 주의 율례들에 완전하게 하사 내가 수치를
당하지 아니하게 하소서
81 나의 영혼이 주의 구원을 사모하기에 피곤하오나 나는
주의 말씀을 바라나이다
82 나의 말이 주께서 언제나 나를 안위하실까 하면서 내
눈이 주의 말씀을 바라기에 피곤하니이다
83 내가 연기 속의 가죽 부대 같이 되었으나 주의 율례들
을 잊지 아니하나이다
84 주의 종의 날이 얼마나 되나이까 나를 핍박하는 자들을
주께서 언제나 심판하시리이까
85 주의 법을 따르지 아니하는 교만한 자들이 나를 해하려
고 웅덩이를 팠나이다
86 주의 모든 계명들은 신실하니이다 그들이 이유 없이 나
를 핍박하오니 나를 도우소서
87 그들이 나를 세상에서 거의 멸하였으나 나는 주의 법도
들을 버리지 아니하였사오니

88 주의 인자하심을 따라 나를 살아나게 하소서 그리하시
면 주의 입의 교훈들을 내가 지키리이다
89 여호와여 주의 말씀은 영원히 하늘에 굳게 섰사오며
90 주의 성실하심은 대대에 이르나이다 주께서 땅을 세우
셨으므로 땅이 항상 있사오니
91 천지가 주의 규례들대로 오늘까지 있음은 만물이 주의
종이 된 까닭이니이다
92 주의 법이 나의 즐거움이 되지 아니하였더면 내가 내
고난 중에 멸망하였으리이다
93 내가 주의 법도들을 영원히 잊지 아니하오니 주께서 이
것들 때문에 나를 살게 하심이니이다
94 나는 주의 것이오니 나를 구원하소서 내가 주의 법도들
만을 찾았나이다
95 악인들이 나를 멸하려고 엿보오나 나는 주의 증거들만
을 생각하겠나이다
96 내가 보니 모든 완전한 것이 다 끝이 있어도 주의 계명
들은 심히 넓으니이다
97 내가 주의 법을 어찌 그리 사랑하는지요 내가 그것을
종일 작은 소리로 읊조리나이다
98 주의 계명들이 항상 나와 함께 하므로 그것들이 나를
원수보다 지혜롭게 하나이다

99 내가 주의 증거들을 늘 읊조리므로 나의 명철함이 나의
모든 스승보다 나으며
100 주의 법도들을 지키므로 나의 명철함이 노인보다 나으
니이다
101 내가 주의 말씀을 지키려고 발을 금하여 모든 악한 길
로 가지 아니하였사오며
102 주께서 나를 가르치셨으므로 내가 주의 규례들에서 떠
나지 아니하였나이다
103 주의 말씀의 맛이 내게 어찌 그리 단지요 내 입에 꿀보
다 더 다니이다
104 주의 법도들로 말미암아 내가 명철하게 되었으므로 모
든 거짓 행위를 미워하나이다
105 주의 말씀은 내 발에 등이요 내 길에 빛이니이다
106 주의 의로운 규례들을 지키기로 맹세하고 굳게 정하였
나이다
107 나의 고난이 매우 심하오니 여호와여 주의 말씀대로 나
를 살아나게 하소서
108 여호와여 구하오니 내 입이 드리는 자원제물을 받으시
고 주의 공의를 내게 가르치소서
109 나의 생명이 항상 위기에 있사오나 나는 주의 법을 잊
지 아니하나이다

110 악인들이 나를 해하려고 올무를 놓았사오나 나는 주의
법도들에서 떠나지 아니하였나이다
111 주의 증거들로 내가 영원히 나의 기업을 삼았사오니 이
는 내 마음의 즐거움이 됨이니이다
112 내가 주의 율례들을 영원히 행하려고 내 마음을 기울였
나이다
113 내가 두 마음 품는 자들을 미워하고 주의 법을 사랑하
나이다
114 주는 나의 은신처요 방패시라 내가 주의 말씀을 바라나
이다
115 너희 행악자들이여 나를 떠날지어다 나는 내 하나님의
계명들을 지키리로다
116 주의 말씀대로 나를 붙들어 살게 하시고 내 소망이 부
끄럽지 않게 하소서
117 나를 붙드소서 그리하시면 내가 구원을 얻고 주의 율례
들에 항상 주의하리이다
118 주의 율례들에서 떠나는 자는 주께서 다 멸시하셨으니
그들의 속임수는 허무함이니이다
119 주께서 세상의 모든 악인들을 찌꺼기 같이 버리시니 그
러므로 내가 주의 증거들을 사랑하나이다
120 내 육체가 주를 두려워함으로 떨며 내가 또 주의 심판

을 두려워하나이다
121 내가 정의와 공의를 행하였사오니 나를 박해하는 자들
에게 나를 넘기지 마옵소서
122 주의 종을 보증하사 복을 얻게 하시고 교만한 자들이
나를 박해하지 못하게 하소서
123 내 눈이 주의 구원과 주의 의로운 말씀을 사모하기에
피곤하니이다
124 주의 인자하심대로 주의 종에게 행하사 내게 주의 율례
들을 가르치소서
125 나는 주의 종이오니 나를 깨닫게 하사 주의 증거들을
알게 하소서
126 그들이 주의 법을 폐하였사오니 지금은 여호와께서 일
하실 때니이다
127 그러므로 내가 주의 계명들을 금 곧 순금보다 더 사랑
하나이다
128 그러므로 내가 범사에 모든 주의 법도들을 바르게 여기
고 모든 거짓 행위를 미워하나이다
129 주의 증거들은 놀라우므로 내 영혼이 이를 지키나이다
130 주의 말씀을 열면 빛이 비치어 우둔한 사람들을 깨닫게
하나이다
131 내가 주의 계명들을 사모하므로 내가 입을 열고 헐떡였

나이다
132 주의 이름을 사랑하는 자들에게 베푸시던 대로 내게 돌
이키사 내게 은혜를 베푸소서
133 나의 발걸음을 주의 말씀에 굳게 세우시고 어떤 죄악도
나를 주관하지 못하게 하소서
134 사람의 박해에서 나를 구원하소서 그리하시면 내가 주
의 법도들을 지키리이다
135 주의 얼굴을 주의 종에게 비추시고 주의 율례로 나를
가르치소서
136 그들이 주의 법을 지키지 아니하므로 내 눈물이 시냇물
같이 흐르나이다
137 여호와여 주는 의로우시고 주의 판단은 옳으니이다
138 주께서 명령하신 증거들은 의롭고 지극히 성실하니이
다
139 내 대적들이 주의 말씀을 잊어버렸으므로 내 열정이 나
를 삼켰나이다
140 주의 말씀이 심히 순수하므로 주의 종이 이를 사랑하나
이다
141 내가 미천하여 멸시를 당하나 주의 법도를 잊지 아니하
였나이다
142 주의 의는 영원한 의요 주의 율법은 진리로소이다

143 환난과 우환이 내게 미쳤으나 주의 계명은 나의 즐거움
이니이다
144 주의 증거들은 영원히 의로우시니 나로 하여금 깨닫게
하사 살게 하소서
145 여호와여 내가 전심으로 부르짖었사오니 내게 응답하
소서 내가 주의 교훈들을 지키리이다
146 내가 주께 부르짖었사오니 나를 구원하소서 내가 주의
증거들을 지키리이다
147 내가 날이 밝기 전에 부르짖으며 주의 말씀을 바랐사
오며
148 주의 말씀을 조용히 읊조리려고 내가 새벽녘에 눈을 떴
나이다
149 주의 인자하심을 따라 내 소리를 들으소서 여호와여 주
의 규례들을 따라 나를 살리소서
150 악을 따르는 자들이 가까이 왔사오니 그들은 주의 법에
서 머니이다
151 여호와여 주께서 가까이 계시오니 주의 모든 계명들은
진리니이다
152 내가 전부터 주의 증거들을 알고 있었으므로 주께서 영
원히 세우신 것인 줄을 알았나이다
153 나의 고난을 보시고 나를 건지소서 내가 주의 율법을

잊지 아니함이니이다

154 주께서 나를 변호하시고 나를 구하사 주의 말씀대로 나
를 살리소서

155 구원이 악인들에게서 멀어짐은 그들이 주의 율례들을
구하지 아니함이니이다

156 여호와여 주의 긍휼이 많으오니 주의 규례들에 따라 나
를 살리소서

157 나를 핍박하는 자들과 나의 대적들이 많으나 나는 주의
증거들에서 떠나지 아니하였나이다

158 주의 말씀을 지키지 아니하는 거짓된 자들을 내가 보고
슬퍼하였나이다

159 내가 주의 법도들을 사랑함을 보옵소서 여호와여 주의
인자하심을 따라 나를 살리소서

160 주의 말씀의 강령은 진리이오니 주의 의로운 모든 규례
들은 영원하리이다

161 고관들이 거짓으로 나를 핍박하오나 나의 마음은 주의
말씀만 경외하나이다

162 사람이 많은 탈취물을 얻은 것처럼 나는 주의 말씀을
즐거워하나이다

163 나는 거짓을 미워하며 싫어하고 주의 율법을 사랑하나
이다

164 주의 의로운 규례들로 말미암아 내가 하루 일곱 번씩
주를 찬양하나이다
165 주의 법을 사랑하는 자에게는 큰 평안이 있으니 그들에
게 장애물이 없으리이다
166 여호와여 내가 주의 구원을 바라며 주의 계명들을 행하
였나이다
167 내 영혼이 주의 증거들을 지켰사오며 내가 이를 지극히
사랑하나이다
168 내가 주의 법도들과 증거들을 지켰사오니 나의 모든 행
위가 주 앞에 있음이니이다
169 여호와여 나의 부르짖음이 주의 앞에 이르게 하시고 주
의 말씀대로 나를 깨닫게 하소서
170 나의 간구가 주의 앞에 이르게 하시고 주의 말씀대로
나를 건지소서
171 주께서 율례를 내게 가르치시므로 내 입술이 주를 찬양
하리이다
172 주의 모든 계명들이 의로우므로 내 혀가 주의 말씀을
노래하리이다
173 내가 주의 법도들을 택하였사오니 주의 손이 항상 나의
도움이 되게 하소서
174 여호와여 내가 주의 구원을 사모하였사오며 주의 율법

을 즐거워하나이다

175 내 영혼을 살게 하소서 그리하시면 주를 찬송하리이다
주의 규례들이 나를 돕게 하소서

176 잃은 양 같이 내가 방황하오니 주의 종을 찾으소서 내
가 주의 계명들을 잊지 아니함이니이다

♥ 말씀 묵상 | 1. 당신은 하나님의 말씀을 묵상하는 데 하루 얼마의 시간을 투자하고 있습니까?
2. 당신은 현재까지 말씀 묵상을 통해 어떤 유익을 누리고 있습니까?

120편

요점 | 어떤 법정도 나를 구할 수 없을 때 하나님만 의지하자!

1 내가 환난 중에 여호와께 부르짖었더니 내게 응답하셨
도다

2 여호와여 거짓된 입술과 속이는 혀에서 내 생명을 건져
주소서

3 너 속이는 혀여 무엇을 네게 주며 무엇을 네게 더할꼬

4 장사의 날카로운 화살과 로뎀 나무 숯불이리로다

5 메섹에 머물며 게달의 장막 중에 머무는 것이 내게 화
로다

6 내가 화평을 미워하는 자들과 함께 오래 거주하였도
다

7 나는 화평을 원할지라도 내가 말할 때에 그들은 싸우려

하는도다

말씀 묵상 | 1. 세상에서 아무도 믿을 수 없다고 느낄 때가 있었습니까?
2. 그런 때에 신앙은 어떤 방식으로 당신에게 도움이 되었습니까?

121편

요점 | 당신은 곤경에 처했을 때 누구를 찾아가는가?

1 내가 산을 향하여 눈을 들리라 나의 도움이 어디서
올까
2 나의 도움은 천지를 지으신 여호와에게서로다
3 여호와께서 너를 실족하지 아니하게 하시며 너를 지키
시는 이가 졸지 아니하시리로다
4 이스라엘을 지키시는 이는 졸지도 아니하시고 주무시
지도 아니하시리로다
5 여호와는 너를 지키시는 이시라 여호와께서 네 오른쪽
에서 네 그늘이 되시나니
6 낮의 해가 너를 상하게 하지 아니하며 밤의 달도 너를
해치지 아니하리로다
7 여호와께서 너를 지켜 모든 환난을 면하게 하시며 또
네 영혼을 지키시리로다
8 여호와께서 너의 출입을 지금부터 영원까지 지키시리
로다

♥ **말씀 묵상** | 1. 당신은 환난 날에 찾아가서 자문을 구할 사람이 있습니까?
2. 어떤 누구도 도와줄 수 없는 그런 어려움을 당할 때 당신은 무엇을 하려고 합니까?

122편

요점 | 무엇이 당신을 슬프게 하고 무엇이 당신을 기쁘게 하는가?

1 사람이 내게 말하기를 여호와의 집에 올라가자 할 때에
내가 기뻐하였도다
2 예루살렘아 우리 발이 네 성문 안에 섰도다
3 예루살렘아 너는 잘 짜여진 성읍과 같이 건설되었도다
4 지파들 곧 여호와의 지파들이 여호와의 이름에 감사하
려고 이스라엘의 전례대로 그리로 올라가는도다
5 거기에 심판의 보좌를 두셨으니 곧 다윗의 집의 보좌
로다
6 예루살렘을 위하여 평안을 구하라 예루살렘을 사랑하
는 자는 형통하리로다
7 네 성 안에는 평안이 있고 네 궁중에는 형통함이 있을
지어다
8 내가 내 형제와 친구를 위하여 이제 말하리니 네 가운
데에 평안이 있을지어다
9 여호와 우리 하나님의 집을 위하여 내가 너를 위하여
복을 구하리로다

말씀 묵상 | 1. 자연재해나 사고를 당해 죽거나 다친 이들을 위해 당신이 할 수 있는 일은 무엇입니까?
2. "기도하면 다냐?"고 질책하는 이들에게 당신은 어떻게 대답할 수 있습니까?

123편

요점 | 세상에서 실망할 때도 여전히 하나님을 바라볼 수 있다

1 하늘에 계시는 주여 내가 눈을 들어 주께 향하나이다
2 상전의 손을 바라보는 종들의 눈 같이, 여주인의 손을
바라보는 여종의 눈 같이 우리의 눈이 여호와 우리 하
나님을 바라보며 우리에게 은혜 베풀어 주시기를 기다
리나이다
3 여호와여 우리에게 은혜를 베푸시고 또 은혜를 베푸소
서 심한 멸시가 우리에게 넘치나이다
4 안일한 자의 조소와 교만한 자의 멸시가 우리 영혼에
넘치나이다

말씀 묵상 | 1. 당신은 세상의 고통을 위해 기도하다가 어떤 행동을 해야 한다는 응답을 받아 본 적이 있습니까?
2. 그런 응답에 대해 당신은 어떤 식으로 실천하였습니까?

124편

요점 | 하나님께 감사하며 살았는가? 감사는 구체적일 필요가 있다.

1 이스라엘은 이제 말하기를 여호와께서 우리 편에 계시
지 아니하셨더라면 우리가 어떻게 하였으랴

2 사람들이 우리를 치러 일어날 때에 여호와께서 우리 편
에 계시지 아니하셨더라면
3 그 때에 그들의 노여움이 우리에게 맹렬하여 우리를 산
채로 삼켰을 것이며
4 그 때에 물이 우리를 휩쓸며 시내가 우리 영혼을 삼켰
을 것이며
5 그 때에 넘치는 물이 우리 영혼을 삼켰을 것이라 할 것
이로다
6 우리를 내주어 그들의 이에 씹히지 아니하게 하신 여호
와를 찬송할지로다
7 우리의 영혼이 사냥꾼의 올무에서 벗어난 새 같이 되었
나니 올무가 끊어지므로 우리가 벗어났도다
8 우리의 도움은 천지를 지으신 여호와의 이름에 있도다

♥ 말씀 묵상 | 1. 하나님이 당신을 구하시지 않았다면 당신은 언제 죽었을 것이라고 생각합니까?
2. 그 이후로 덤으로 사는 삶이라면 당신은 하나님을 위해 무엇을 하였습니까?

125편

요점 | 우리는 악을 행할 필요가 없다!

1 여호와를 의지하는 자는 시온 산이 흔들리지 아니하고
영원히 있음 같도다
2 산들이 예루살렘을 두름과 같이 여호와께서 그의 백성

을 지금부터 영원까지 두르시리로다
3 악인의 규가 의인들의 땅에서는 그 권세를 누리지 못하
리니 이는 의인들로 하여금 죄악에 손을 대지 아니하게
함이로다
4 여호와여 선한 자들과 마음이 정직한 자들에게 선대하
소서
5 자기의 굽은 길로 치우치는 자들은 여호와께서 죄를 범
하는 자들과 함께 다니게 하시리로다 이스라엘에게는
평강이 있을지어다

♥ **말씀 묵상** | 1. 당신은 선을 행하다가 결과가 보이지 않아 포기한 적이 있습니까?
2. 선한 방법으로는 도저히 되지 않는다는 유혹에 굴복하여 하나님이 원치 않는 방법으로 어떤 일을 도모해 본 적이 있습니까?

126편

요점 | 하나님은 우리를 여러 번 놀래키신다!

1 여호와께서 시온의 포로를 돌려 보내실 때에 우리는 꿈
꾸는 것 같았도다
2 그 때에 우리 입에는 웃음이 가득하고 우리 혀에는 찬
양이 찼었도다 그 때에 뭇 나라 가운데에서 말하기를
여호와께서 그들을 위하여 큰 일을 행하셨다 하였도다
3 여호와께서 우리를 위하여 큰 일을 행하셨으니 우리는

기쁘도다

4 여호와여 우리의 포로를 남방 시내들 같이 돌려 보내소서

5 눈물을 흘리며 씨를 뿌리는 자는 기쁨으로 거두리로다

6 울며 씨를 뿌리러 나가는 자는 반드시 기쁨으로 그 곡식 단을 가지고 돌아오리로다

♥ **말씀 묵상 |** 1. 당신은 울며 씨를 뿌리러 나갔다가 기쁨으로 단을 가지고 돌아온 경험을 언제 하였습니까?
2. 당신의 믿음의 초석이 되는 경험은 언제 어떤 계기로 하게 되었습니까?

127편

요점 | 우리 노력의 가장 좋은 상급은 무엇일까?

1 여호와께서 집을 세우지 아니하시면 세우는 자의 수고가 헛되며 여호와께서 성을 지키지 아니하시면 파수꾼의 깨어 있음이 헛되도다

2 너희가 일찍이 일어나고 늦게 누우며 수고의 떡을 먹음이 헛되도다 그러므로 여호와께서 그의 사랑하시는 자에게는 잠을 주시는도다

3 보라 자식들은 여호와의 기업이요 태의 열매는 그의 상급이로다

4 젊은 자의 자식은 장사의 수중의 화살 같으니

5 이것이 그의 화살통에 가득한 자는 복되도다 그들이 성

문에서 그들의 원수와 담판할 때에 수치를 당하지 아니
하리로다

말씀 묵상 | 1. 당신이 현재 자녀가 없다면 이 시편은 당신에게 어떤 의미를 줄 수 있습니까?
2. 당신 자녀가 현재 골칫덩어리와 사고뭉치라면 이 시편에 대해 당신은 어떻게 반응할 수 있습니까?

128편

요점 | 소박한 꿈 그리고 행복한 가정으로 가득 찬 도시

1 여호와를 경외하며 그의 길을 걷는 자마다 복이 있도다
2 네가 네 손이 수고한 대로 먹을 것이라 네가 복되고 형
통하리로다
3 네 집 안방에 있는 네 아내는 결실한 포도나무 같으며
네 식탁에 둘러 앉은 자식들은 어린 감람나무 같으리
로다
4 여호와를 경외하는 자는 이같이 복을 얻으리로다
5 여호와께서 시온에서 네게 복을 주실지어다 너는 평생
에 예루살렘의 번영을 보며
6 네 자식의 자식을 볼지어다 이스라엘에게 평강이 있을
지로다

말씀 묵상 | 1. 당신의 가정은 어떤 의미에서 행복한 가정이라고 할 수 있습니까?
2. 당신은 다른 가정에 추천할 수 있는 행복의 비결로 무엇을 이야기해 줄 수 있습니까?

129편

요점 | 무력한 이들을 공격하면 우리 자신이 무력한 자가 된다!

1 이스라엘은 이제 말하기를 그들이 내가 어릴 때부터 여
러 번 나를 괴롭혔도다
2 그들이 내가 어릴 때부터 여러 번 나를 괴롭혔으나 나
를 이기지 못하였도다
3 밭 가는 자들이 내 등을 갈아 그 고랑을 길게 지었도다
4 여호와께서는 의로우사 악인들의 줄을 끊으셨도다
5 무릇 시온을 미워하는 자들은 수치를 당하여 물러갈지
어다
6 그들은 지붕의 풀과 같을지어다 그것은 자라기 전에 마
르는 것이라
7 이런 것은 베는 자의 손과 묶는 자의 품에 차지 아니하
나니
8 지나가는 자들도 여호와의 복이 너희에게 있을지어다
하거나 우리가 여호와의 이름으로 너희에게 축복한다
하지 아니하느니라

♥ **말씀 묵상** | 1. 당신은 내가 남에게 한 대로 남에게 내가 대접받는다는 원리를 어디서 확인하였습니까?
2. 당신은 내가 남에게 한 대로 하나님도 나를 대접하신다는 원리를 어디서 확인하였습니까?

130편

요점 | 당신은 살면서 실수를 해 본 적이 있는가?

1 여호와여 내가 깊은 곳에서 주께 부르짖었나이다
2 주여 내 소리를 들으시며 나의 부르짖는 소리에 귀를
기울이소서
3 여호와여 주께서 죄악을 지켜보실진대 주여 누가 서리
이까
4 그러나 사유하심이 주께 있음은 주를 경외하게 하심이
니이다
5 나 곧 내 영혼은 여호와를 기다리며 나는 주의 말씀을
바라는도다
6 파수꾼이 아침을 기다림보다 내 영혼이 주를 더 기다리
나니 참으로 파수꾼이 아침을 기다림보다 더하도다
7 이스라엘아 여호와를 바랄지어다 여호와께서는 인자하
심과 풍성한 속량이 있음이라
8 그가 이스라엘을 그의 모든 죄악에서 속량하시리로다

말씀 묵상 | 1. 당신의 마음과 삶 속에서 남을 비판하는 데 사용한 시간과 용서의 복음을 전하는 데 쓰는 시간의 비율이 몇 대 몇이라고 생각합니까?
2. "내가 용서 받았다면 저 사람도 용서 받을 수 있다"는 생각으로 어떤 사람을 용서해 주었습니까?

131편

요점 | 안식에의 초청

1 여호와여 내 마음이 교만하지 아니하고 내 눈이 오만하
지 아니하오며 내가 큰 일과 감당하지 못할 놀라운 일
을 하려고 힘쓰지 아니하나이다
2 실로 내가 내 영혼으로 고요하고 평온하게 하기를 젖
뗀 아이가 그의 어머니 품에 있음 같게 하였나니 내 영
혼이 젖 뗀 아이와 같도다
3 이스라엘아 지금부터 영원까지 여호와를 바랄지어다

♥ **말씀 묵상** | 1. 당신을 바쁘게 만드는 그 일들 중에 당신이 그만두어도 될 일은 무엇입니까?
2. 당신이 그 일을 그만둘 때 생길 수 있는 최악의 상황은 무엇입니까?

132편

요점 | 하나님은 어디 계신가?

1 여호와여 다윗을 위하여 그의 모든 겸손을 기억하소서
2 그가 여호와께 맹세하며 야곱의 전능자에게 서원하
기를
3 내가 내 장막 집에 들어가지 아니하며 내 침상에 오르
지 아니하고
4 내 눈으로 잠들게 하지 아니하며 내 눈꺼풀로 졸게 하

지 아니하기를
5 여호와의 처소 곧 야곱의 전능자의 성막을 발견하기까
지 하리라 하였나이다
6 우리가 그것이 에브라다에 있다 함을 들었더니 나무 밭
에서 찾았도다
7 우리가 그의 계신 곳으로 들어가서 그의 발등상 앞에서
엎드려 예배하리로다
8 여호와여 일어나사 주의 권능의 궤와 함께 평안한 곳으
로 들어가소서
9 주의 제사장들은 의를 옷 입고 주의 성도들은 즐거이
외칠지어다
10 주의 종 다윗을 위하여 주의 기름 부음 받은 자의 얼굴
을 외면하지 마옵소서
11 여호와께서 다윗에게 성실히 맹세하셨으니 변하지 아
니하실지라 이르시기를 네 몸의 소생을 네 왕위에 둘
지라
12 네 자손이 내 언약과 그들에게 교훈하는 내 증거를 지
킬진대 그들의 후손도 영원히 네 왕위에 앉으리라 하셨
도다
13 여호와께서 시온을 택하시고 자기 거처를 삼고자 하여
이르시기를

14 이는 내가 영원히 쉴 곳이라 내가 여기 거주할 것은 이
를 원하였음이로다
15 내가 이 성의 식료품에 풍족히 복을 주고 떡으로 그 빈
민을 만족하게 하리로다
16 내가 그 제사장들에게 구원을 옷 입히리니 그 성도들은
즐거이 외치리로다
17 내가 거기서 다윗에게 뿔이 나게 할 것이라 내가 내 기
름 부음 받은 자를 위하여 등을 준비하였도다
18 내가 그의 원수에게는 수치를 옷 입히고 그에게는 왕관
이 빛나게 하리라 하셨도다

♥ **말씀 묵상 |** 1. 당신의 어떤 행동이 하나님을 당신 삶 속에 초청하는 행동들입니까?
2. 당신의 어떤 행동이 하나님에게 떠나달라고 하는 묵시적인 추방명령입니까?

133편

요점 | 삶의 모든 어려움을 이겨내게 하는 힘은 하나됨에서 나온다!

1 보라 형제가 연합하여 동거함이 어찌 그리 선하고 아름
다운고
2 머리에 있는 보배로운 기름이 수염 곧 아론의 수염에
흘러서 그의 옷깃까지 내림 같고
3 헐몬의 이슬이 시온의 산들에 내림 같도다 거기서 여호
와께서 복을 명령하셨나니 곧 영생이로다

말씀 묵상 | 1. 하나님이 당신에게 주신 사랑과 은혜는 자신과 가정과 공동체를 넘어 어디까지 흘러 넘치고 있습니까?
2. 사랑이 넘쳐흐르다가 고인 곳이 있다면 더 넘치지 못하는 이유가 무엇이라고 생각합니까?

134편

요점 | 당신은 하루를 마감할 때 어떤 기분이 드는가?

1 보라 밤에 여호와의 성전에 서 있는 여호와의 모든 종들아 여호와를 송축하라

2 성소를 향하여 너희 손을 들고 여호와를 송축하라

3 천지를 지으신 여호와께서 시온에서 네게 복을 주실지어다

말씀 묵상 | 1. 오늘 하루 하나님이 당신에게 베푸신 은혜는 무엇입니까?
2. 당신의 일생을 통해 하나님이 주신 복은 무엇입니까?

135편

요점 | 내가 사는 동안 하나님을 찬양하련다!

1 할렐루야 여호와의 이름을 찬송하라 여호와의 종들아 찬송하라

2 여호와의 집 우리 여호와의 성전 곧 우리 하나님의 성전 뜰에 서 있는 너희여

3 여호와를 찬송하라 여호와는 선하시며 그의 이름이 아름다우니 그의 이름을 찬양하라

4 여호와께서 자기를 위하여 야곱 곧 이스라엘을 자기의
특별한 소유로 택하셨음이로다
5 내가 알거니와 여호와께서는 위대하시며 우리 주는 모
든 신들보다 위대하시도다
6 여호와께서 그가 기뻐하시는 모든 일을 천지와 바다와
모든 깊은 데서 다 행하셨도다
7 안개를 땅 끝에서 일으키시며 비를 위하여 번개를 만드
시며 바람을 그 곳간에서 내시는도다
8 그가 애굽의 처음 난 자를 사람부터 짐승까지 치셨도다
9 애굽이여 여호와께서 네게 행한 표적들과 징조들을 바
로와 그의 모든 신하들에게 보내셨도다
10 그가 많은 나라를 치시고 강한 왕들을 죽이셨나니
11 곧 아모리인의 왕 시혼과 바산 왕 옥과 가나안의 모든
국왕이로다
12 그들의 땅을 기업으로 주시되 자기 백성 이스라엘에게
기업으로 주셨도다
13 여호와여 주의 이름이 영원하시니이다 여호와여 주를
기념함이 대대에 이르리이다
14 여호와께서 자기 백성을 판단하시며 그의 종들로 말미
암아 위로를 받으시리로다
15 열국의 우상은 은금이요 사람의 손으로 만든 것이라

16 입이 있어도 말하지 못하며 눈이 있어도 보지 못하며
17 귀가 있어도 듣지 못하며 그들의 입에는 아무 호흡도
없나니
18 그것을 만든 자와 그것을 의지하는 자가 다 그것과 같
으리로다
19 이스라엘 족속아 여호와를 송축하라 아론의 족속아 여
호와를 송축하라
20 레위 족속아 여호와를 송축하라 여호와를 경외하는 너
희들아 여호와를 송축하라
21 예루살렘에 계시는 여호와는 시온에서 찬송을 받으실
지어다 할렐루야

♥ 말씀 묵상 | 1. 당신은 왜 아직도 살아야 합니까?
2. 당신이 죽기 전에 꼭 해야 될 일은 무엇입니까?

136편

요점 | 호흡이 있는 자들은 다 하나님을 찬양해야 한다!

1 여호와께 감사하라 그는 선하시며 그 인자하심이 영원
함이로다
2 신들 중에 뛰어난 하나님께 감사하라 그 인자하심이 영
원함이로다
3 주들 중에 뛰어난 주께 감사하라 그 인자하심이 영원함

이로다
4 홀로 큰 기이한 일들을 행하시는 이에게 감사하라 그
인자하심이 영원함이로다
5 지혜로 하늘을 지으신 이에게 감사하라 그 인자하심이
영원함이로다
6 땅을 물 위에 펴신 이에게 감사하라 그 인자하심이 영
원함이로다
7 큰 빛들을 지으신 이에게 감사하라 그 인자하심이 영원
함이로다
8 해로 낮을 주관하게 하신 이에게 감사하라 그 인자하심
이 영원함이로다
9 달과 별들로 밤을 주관하게 하신 이에게 감사하라 그
인자하심이 영원함이로다
10 애굽의 장자를 치신 이에게 감사하라 그 인자하심이 영
원함이로다
11 이스라엘을 그들 중에서 인도하여 내신 이에게 감사하
라 그 인자하심이 영원함이로다
12 강한 손과 펴신 팔로 인도하여 내신 이에게 감사하라
그 인자하심이 영원함이로다
13 홍해를 가르신 이에게 감사하라 그 인자하심이 영원함
이로다

14 이스라엘을 그 가운데로 통과하게 하신 이에게 감사하
라 그 인자하심이 영원함이로다
15 바로와 그의 군대를 홍해에 엎드러뜨리신 이에게 감사
하라 그 인자하심이 영원함이로다
16 그의 백성을 인도하여 광야를 통과하게 하신 이에게 감
사하라 그 인자하심이 영원함이로다
17 큰 왕들을 치신 이에게 감사하라 그 인자하심이 영원함
이로다
18 유명한 왕들을 죽이신 이에게 감사하라 그 인자하심이
영원함이로다
19 아모리인의 왕 시혼을 죽이신 이에게 감사하라 그 인자
하심이 영원함이로다
20 바산 왕 옥을 죽이신 이에게 감사하라 그 인자하심이
영원함이로다
21 그들의 땅을 기업으로 주신 이에게 감사하라 그 인자하
심이 영원함이로다
22 곧 그 종 이스라엘에게 기업으로 주신 이에게 감사하라
그 인자하심이 영원함이로다
23 우리를 비천한 가운데에서도 기억해 주신 이에게 감사
하라 그 인자하심이 영원함이로다
24 우리를 우리의 대적에게서 건지신 이에게 감사하라 그

인자하심이 영원함이로다

25 모든 육체에게 먹을 것을 주신 이에게 감사하라 그 인
자하심이 영원함이로다

26 하늘의 하나님께 감사하라 그 인자하심이 영원함이
로다

말씀 묵상 | 1. 당신은 어떤 일에 개인적으로 하나님께 감사합니까?
2. 당신은 어떤 일에 국가적으로 하나님께 감사합니까?

137편

요점 | 최악의 과거를 기억하면서 힘을 얻을 수 있는가?

1 우리가 바벨론의 여러 강변 거기에 앉아서 시온을 기억
하며 울었도다

2 그 중의 버드나무에 우리가 우리의 수금을 걸었나니

3 이는 우리를 사로잡은 자가 거기서 우리에게 노래를 청
하며 우리를 황폐하게 한 자가 기쁨을 청하고 자기들을
위하여 시온의 노래 중 하나를 노래하라 함이로다

4 우리가 이방 땅에서 어찌 여호와의 노래를 부를까

5 예루살렘아 내가 너를 잊을진대 내 오른손이 그의 재주
를 잊을지로다

6 내가 예루살렘을 기억하지 아니하거나 내가 가장 즐거
워하는 것보다 더 즐거워하지 아니할진대 내 혀가 내

입천장에 붙을지로다

7 여호와여 예루살렘이 멸망하던 날을 기억하시고 에돔
자손을 치소서 그들의 말이 헐어 버리라 헐어 버리라
그 기초까지 헐어 버리라 하였나이다

8 멸망할 딸 바벨론아 네가 우리에게 행한 대로 네게 갚
는 자가 복이 있으리로다

9 네 어린 것들을 바위에 메어치는 자는 복이 있으리로다

♥ 말씀 묵상 | 1. 너무 기가 막히고 원통해서 화를 내고 통곡할 수밖에 없던 일로는 어떤 일이 기억납니까?
2. 그런 기막힌 상황에서 당신은 어떻게 살아남았고 지금까지 올 수 있었습니까?

138편

요점 | 오늘 나는 하나님을 찬양하련다. 그 이유는 수천 가지가 넘는다.

1 내가 전심으로 주께 감사하며 신들 앞에서 주께 찬송하
리이다

2 내가 주의 성전을 향하여 예배하며 주의 인자하심과 성
실하심으로 말미암아 주의 이름에 감사하오리니 이는
주께서 주의 말씀을 주의 모든 이름보다 높게 하셨음
이라

3 내가 간구하는 날에 주께서 응답하시고 내 영혼에 힘을
주어 나를 강하게 하셨나이다

4 여호와여 세상의 모든 왕들이 주께 감사할 것은 그들이

주의 입의 말씀을 들음이오며
5 그들이 여호와의 도를 노래할 것은 여호와의 영광이 크
심이니이다
6 여호와께서는 높이 계셔도 낮은 자를 굽어살피시며 멀
리서도 교만한 자를 아심이니이다
7 내가 환난 중에 다닐지라도 주께서 나를 살아나게 하시
고 주의 손을 펴사 내 원수들의 분노를 막으시며 주의
오른손이 나를 구원하시리이다
8 여호와께서 나를 위하여 보상해 주시리이다 여호와여
주의 인자하심이 영원하오니 주의 손으로 지으신 것을
버리지 마옵소서

♥ **말씀 묵상 |** 1.오늘 당신은 어떤 내용으로 하나님을 찬양하였습니까?
2. 찬양을 하지 못하였다면 무엇이 그 찬양을 가로막고 있습니까?

139편

요점 | 하나님은 모든 것을 다 아신다.

1 여호와여 주께서 나를 살펴 보셨으므로 나를 아시나
이다
2 주께서 내가 앉고 일어섬을 아시고 멀리서도 나의 생각
을 밝히 아시오며
3 나의 모든 길과 내가 눕는 것을 살펴 보셨으므로 나의

모든 행위를 익히 아시오니
4 여호와여 내 혀의 말을 알지 못하시는 것이 하나도 없
으시니이다
5 주께서 나의 앞뒤를 둘러싸시고 내게 안수하셨나이다
6 이 지식이 내게 너무 기이하니 높아서 내가 능히 미치
지 못하나이다
7 내가 주의 영을 떠나 어디로 가며 주의 앞에서 어디로
피하리이까
8 내가 하늘에 올라갈지라도 거기 계시며 스올에 내 자리
를 펼지라도 거기 계시니이다
9 내가 새벽 날개를 치며 바다 끝에 가서 거주할지라도
10 거기서도 주의 손이 나를 인도하시며 주의 오른손이 나
를 붙드시리이다
11 내가 혹시 말하기를 흑암이 반드시 나를 덮고 나를 두
른 빛은 밤이 되리라 할지라도
12 주에게서는 흑암이 숨기지 못하며 밤이 낮과 같이 비추
이나니 주에게는 흑암과 빛이 같음이니이다
13 주께서 내 내장을 지으시며 나의 모태에서 나를 만드셨
나이다
14 내가 주께 감사하옴은 나를 지으심이 심히 기묘하심
이라 주께서 하시는 일이 기이함을 내 영혼이 잘 아나

이다
15 내가 은밀한 데서 지음을 받고 땅의 깊은 곳에서 기이
하게 지음을 받은 때에 나의 형체가 주의 앞에 숨겨지
지 못하였나이다
16 내 형질이 이루어지기 전에 주의 눈이 보셨으며 나를
위하여 정한 날이 하루도 되기 전에 주의 책에 다 기록
이 되었나이다
17 하나님이여 주의 생각이 내게 어찌 그리 보배로우신지
요 그 수가 어찌 그리 많은지요
18 내가 세려고 할지라도 그 수가 모래보다 많도소이다 내
가 깰 때에도 여전히 주와 함께 있나이다
19 하나님이여 주께서 반드시 악인을 죽이시리이다 피 흘
리기를 즐기는 자들아 나를 떠날지어다
20 그들이 주를 대하여 악하게 말하며 주의 원수들이 주의
이름으로 헛되이 맹세하나이다
21 여호와여 내가 주를 미워하는 자들을 미워하지 아니
하오며 주를 치러 일어나는 자들을 미워하지 아니하
나이까
22 내가 그들을 심히 미워하니 그들은 나의 원수들이니
이다
23 하나님이여 나를 살피사 내 마음을 아시며 나를 시험하

사 내 뜻을 아옵소서
24 내게 무슨 악한 행위가 있나 보시고 나를 영원한 길로
인도하소서

♥ **말씀 묵상** | 1. 하나님이 모든 것을 아신다는 것을 당신은 어떤 일에서 체험하였습니까?
2. 하나님이 모든 것을 아신다는 것 때문에 당신은 어떤 일을 다르게 할 수 있었습니까?

140편

요점 | 많은 이들이 나에게 악평을 한다. 그러나 내 운명을 결정짓는 것은 내 태도와 행동이다.

1 여호와여 악인에게서 나를 건지시며 포악한 자에게서
나를 보전하소서
2 그들이 마음속으로 악을 꾀하고 싸우기 위하여 매일 모
이오며
3 뱀 같이 그 혀를 날카롭게 하니 그 입술 아래에는 독사
의 독이 있나이다 (셀라)
4 여호와여 나를 지키사 악인의 손에 빠지지 않게 하시며
나를 보전하사 포악한 자에게서 벗어나게 하소서 그들
은 나의 걸음을 밀치려 하나이다
5 교만한 자가 나를 해하려고 올무와 줄을 놓으며 길 곁
에 그물을 치며 함정을 두었나이다 (셀라)
6 내가 여호와께 말하기를 주는 나의 하나님이시니 여
호와여 나의 간구하는 소리에 귀를 기울이소서 하였

나이다
7 내 구원의 능력이신 주 여호와여 전쟁의 날에 주께서
내 머리를 가려 주셨나이다
8 여호와여 악인의 소원을 허락하지 마시며 그의 악한 꾀
를 이루지 못하게 하소서 그들이 스스로 높일까 하나이
다 (셀라)
9 나를 에워싸는 자들이 그들의 머리를 들 때에 그들의
입술의 재난이 그들을 덮게 하소서
10 뜨거운 숯불이 그들 위에 떨어지게 하시며 불 가운데와
깊은 웅덩이에 그들로 하여금 빠져 다시 일어나지 못하
게 하소서
11 악담하는 자는 세상에서 굳게 서지 못하며 포악한 자는
재앙이 따라서 패망하게 하리이다
12 내가 알거니와 여호와는 고난 당하는 자를 변호해 주시
며 궁핍한 자에게 정의를 베푸시리이다
13 진실로 의인들이 주의 이름에 감사하며 정직한 자들이
주의 앞에서 살리이다

말씀 묵상 | 1. 사람들이 당신에 대해서 불공정한 말이나 행동을 할 때 당신은 주로 어떻게 반응합니까?
2. 당신은 왜 그런 식으로 반응합니까?

141편

요점 | 때로는 악을 피하는 것으로 충분하다.

1 여호와여 내가 주를 불렀사오니 속히 내게 오시옵소서
내가 주께 부르짖을 때에 내 음성에 귀를 기울이소서
2 나의 기도가 주의 앞에 분향함과 같이 되며 나의 손 드
는 것이 저녁 제사 같이 되게 하소서
3 여호와여 내 입에 파수꾼을 세우시고 내 입술의 문을
지키소서
4 내 마음이 악한 일에 기울어 죄악을 행하는 자들과 함
께 악을 행하지 말게 하시며 그들의 진수성찬을 먹지
말게 하소서
5 의인이 나를 칠지라도 은혜로 여기며 책망할지라도 머
리의 기름 같이 여겨서 내 머리가 이를 거절하지 아니
할지라 그들의 재난 중에도 내가 항상 기도하리로다
6 그들의 재판관들이 바위 곁에 내려 던져졌도다 내 말이
달므로 무리가 들으리로다
7 사람이 밭 갈아 흙을 부스러뜨림 같이 우리의 해골이
스올 입구에 흩어졌도다
8 주 여호와여 내 눈이 주께 향하며 내가 주께 피하오니
내 영혼을 빈궁한 대로 버려 두지 마옵소서

9 나를 지키사 그들이 나를 잡으려고 놓은 올무와 악을
행하는 자들의 함정에서 벗어나게 하옵소서
10 악인은 자기 그물에 걸리게 하시고 나만은 온전히 면하
게 하소서

말씀 묵상 | 1. 당신이 정말 간절히 끊어 버리고 싶은 생각이나 습관은 무엇입니까?
2. 그러한 것들을 끊으려고 하면 할수록 더욱 어려워지는 이유는 무엇이라고 생각합니까?

142편

요점 | 핍박하는 이들에게서 구원을 비는 기도

1 내가 소리 내어 여호와께 부르짖으며 소리 내어 여호와
께 간구하는도다
2 내가 내 원통함을 그의 앞에 토로하며 내 우환을 그의
앞에 진술하는도다
3 내 영이 내 속에서 상할 때에도 주께서 내 길을 아셨나
이다 내가 가는 길에 그들이 나를 잡으려고 올무를 숨
겼나이다
4 오른쪽을 살펴 보소서 나를 아는 이도 없고 나의 피난
처도 없고 내 영혼을 돌보는 이도 없나이다
5 여호와여 내가 주께 부르짖어 말하기를 주는 나의 피난
처시요 살아 있는 사람들의 땅에서 나의 분깃이시라 하
였나이다

6 나의 부르짖음을 들으소서 나는 심히 비천하니이다 나
를 핍박하는 자들에게서 나를 건지소서 그들은 나보다
강하니이다
7 내 영혼을 옥에서 이끌어 내사 주의 이름을 감사하게
하소서 주께서 나에게 갚아 주시리니 의인들이 나를 두
르리이다

♥ **말씀 묵상** | 1. 당신의 삶에서 사람이 도울 수 없었던 위기로는 어떤 것들이 있었습니까?
2. 그 위기 상황에서 당신은 무엇을 하였습니까?

143편

요점 | 간절할 때 우리는 하나님께 기도한다!

1 여호와여 내 기도를 들으시며 내 간구에 귀를 기울이시
고 주의 진실과 의로 내게 응답하소서
2 주의 종에게 심판을 행하지 마소서 주의 눈 앞에는 의
로운 인생이 하나도 없나이다
3 원수가 내 영혼을 핍박하며 내 생명을 땅에 엎어서 나
로 죽은 지 오랜 자 같이 나를 암흑 속에 두었나이다
4 그러므로 내 심령이 속에서 상하며 내 마음이 내 속에
서 참담하니이다
5 내가 옛날을 기억하고 주의 모든 행하신 것을 읊조리며
주의 손이 행하는 일을 생각하고

6 주를 향하여 손을 펴고 내 영혼이 마른 땅 같이 주를 사
모하나이다 (셀라)
7 여호와여 속히 내게 응답하소서 내 영이 피곤하니이다
주의 얼굴을 내게서 숨기지 마소서 내가 무덤에 내려가
는 자 같을까 두려워하나이다
8 아침에 나로 하여금 주의 인자한 말씀을 듣게 하소서
내가 주를 의뢰함이니이다 내가 다닐 길을 알게 하소서
내가 내 영혼을 주께 드림이니이다
9 여호와여 나를 내 원수들에게서 건지소서 내가 주께 피
하여 숨었나이다
10 주는 나의 하나님이시니 나를 가르쳐 주의 뜻을 행하
게 하소서 주의 영은 선하시니 나를 공평한 땅에 인도
하소서
11 여호와여 주의 이름을 위하여 나를 살리시고 주의 의로
내 영혼을 환난에서 끌어내소서
12 주의 인자하심으로 나의 원수들을 끊으시고 내 영혼을
괴롭게 하는 자를 다 멸하소서 나는 주의 종이니이다

말씀 묵상 | 1. 당신은 어려움을 당할 때 확실하게 붙잡을 수 있는 어떤 체험이 있습니까?
2. 당신은 어려움을 당할 때 확실하게 붙잡을 수 있는 어떤 사명이 있습니까?

144편

요점 | 인생은 끊임없는 전쟁이다. 하나님만이 안전을 보장하신다.

1 나의 반석이신 여호와를 찬송하리로다 그가 내 손을 가
르쳐 싸우게 하시며 손가락을 가르쳐 전쟁하게 하시는
도다
2 여호와는 나의 사랑이시요 나의 요새이시요 나의 산성
이시요 나를 건지시는 이시요 나의 방패이시니 내가
그에게 피하였고 그가 내 백성을 내게 복종하게 하셨
나이다
3 여호와여 사람이 무엇이기에 주께서 그를 알아 주시며
인생이 무엇이기에 그를 생각하시나이까
4 사람은 헛것 같고 그의 날은 지나가는 그림자 같으니
이다
5 여호와여 주의 하늘을 드리우고 강림하시며 산들에 접
촉하사 연기를 내게 하소서
6 번개를 번쩍이사 원수들을 흩으시며 주의 화살을 쏘아
그들을 무찌르소서
7 위에서부터 주의 손을 펴사 나를 큰 물과 이방인의 손
에서 구하여 건지소서
8 그들의 입은 거짓을 말하며 그의 오른손은 거짓의 오른

손이니이다
9 하나님이여 내가 주께 새 노래로 노래하며 열 줄 비파
로 주를 찬양하리이다
10 주는 왕들에게 구원을 베푸시는 자시요 그의 종 다윗을
그 해하려는 칼에서 구하시는 자시니이다
11 이방인의 손에서 나를 구하여 건지소서 그들의 입은 거
짓을 말하며 그 오른손은 거짓의 오른손이니이다
12 우리 아들들은 어리다가 장성한 나무들과 같으며 우리
딸들은 궁전의 양식대로 아름답게 다듬은 모퉁잇돌들
과 같으며
13 우리의 곳간에는 백곡이 가득하며 우리의 양은 들에서
천천과 만만으로 번성하며
14 우리 수소는 무겁게 실었으며 또 우리를 침노하는 일이
나 우리가 나아가 막는 일이 없으며 우리 거리에는 슬
피 부르짖음이 없을진대
15 이러한 백성은 복이 있나니 여호와를 자기 하나님으로
삼는 백성은 복이 있도다

♥ **말씀 묵상** | 1. 당신이 바라는 행복한 인생에는 어떤 일들이 벌어져야 합니까?
2. 그런 일들이 벌어지기 위해서 하나님과 당신은 각각 어떤 역할을 감당해야 합니까?

145편

요점 | 하나님의 위대하심과 선하심

1 왕이신 나의 하나님이여 내가 주를 높이고 영원히 주의
이름을 송축하리이다
2 내가 날마다 주를 송축하며 영원히 주의 이름을 송축하
리이다
3 여호와는 위대하시니 크게 찬양할 것이라 그의 위대하
심을 측량하지 못하리로다
4 대대로 주께서 행하시는 일을 크게 찬양하며 주의 능한
일을 선포하리로다
5 주의 존귀하고 영광스러운 위엄과 주의 기이한 일들을
나는 작은 소리로 읊조리리이다
6 사람들은 주의 두려운 일의 권능을 말할 것이요 나도
주의 위대하심을 선포하리이다
7 그들이 주의 크신 은혜를 기념하여 말하며 주의 의를
노래하리이다
8 여호와는 은혜로우시며 긍휼이 많으시며 노하기를 더
디 하시며 인자하심이 크시도다
9 여호와께서는 모든 것을 선대하시며 그 지으신 모든 것
에 긍휼을 베푸시는도다

10 여호와여 주께서 지으신 모든 것들이 주께 감사하며 주
의 성도들이 주를 송축하리이다
11 그들이 주의 나라의 영광을 말하며 주의 업적을 일러서
12 주의 업적과 주의 나라의 위엄 있는 영광을 인생들에게
알게 하리이다
13 주의 나라는 영원한 나라이니 주의 통치는 대대에 이르
리이다
14 여호와께서는 모든 넘어지는 자들을 붙드시며 비굴한
자들을 일으키시는도다
15 모든 사람의 눈이 주를 앙망하오니 주는 때를 따라 그
들에게 먹을 것을 주시며
16 손을 펴사 모든 생물의 소원을 만족하게 하시나이다
17 여호와께서는 그 모든 행위에 의로우시며 그 모든 일에
은혜로우시도다
18 여호와께서는 자기에게 간구하는 모든 자 곧 진실하게
간구하는 모든 자에게 가까이 하시는도다
19 그는 자기를 경외하는 자들의 소원을 이루시며 또 그들
의 부르짖음을 들으사 구원하시리로다
20 여호와께서 자기를 사랑하는 자들은 다 보호하시고 악
인들은 다 멸하시리로다
21 내 입이 여호와의 영예를 말하며 모든 육체가 그의 거

룩하신 이름을 영원히 송축할지로다

말씀 묵상 | 1. 하나님을 찬양할 때 당신은 어떤 내용으로 찬양하고 싶습니까?
2. 하나님을 찬양할 때 당신은 누구와 찬양하고 싶습니까?

146편

요점 | 오늘도 우리는 또 찬양한다! 하나님이 통치하시는 세상을 꿈꾸며.

1 할렐루야 내 영혼아 여호와를 찬양하라
2 나의 생전에 여호와를 찬양하며 나의 평생에 내 하나님
을 찬송하리로다
3 귀인들을 의지하지 말며 도울 힘이 없는 인생도 의지하
지 말지니
4 그의 호흡이 끊어지면 흙으로 돌아가서 그 날에 그의
생각이 소멸하리로다
5 야곱의 하나님을 자기의 도움으로 삼으며 여호와 자기
하나님에게 자기의 소망을 두는 자는 복이 있도다
6 여호와는 천지와 바다와 그 중의 만물을 지으시며 영원
히 진실함을 지키시며
7 억눌린 사람들을 위해 정의로 심판하시며 주린 자들에
게 먹을 것을 주시는 이시로다 여호와께서는 갇힌 자들
에게 자유를 주시는도다
8 여호와께서 맹인들의 눈을 여시며 여호와께서 비굴한

자들을 일으키시며 여호와께서 의인들을 사랑하시며
9 여호와께서 나그네들을 보호하시며 고아와 과부를 붙
드시고 악인들의 길은 굽게 하시는도다
10 시온아 여호와는 영원히 다스리시고 네 하나님은 대대
로 통치하시리로다 할렐루야

♥ 말씀 묵상 | 1. 온 땅의 백성들이 하나님을 찬양하게 하기 위해 당신은 얼마나 시간을 쓰고 있습니까?
2. 온 땅의 백성들이 하나님을 찬양하게 하기 위해 당신은 얼마나 돈을 쓰고 있습니까?

147편

요점 | 하나님은 모든 작은 피조물들을 돌보신다! 말씀을 받은 자들은 복되다.

1 할렐루야 우리 하나님을 찬양하는 일이 선함이여 찬송
하는 일이 아름답고 마땅하도다
2 여호와께서 예루살렘을 세우시며 이스라엘의 흩어진
자들을 모으시며
3 상심한 자들을 고치시며 그들의 상처를 싸매시는도다
4 그가 별들의 수효를 세시고 그것들을 다 이름대로 부르
시는도다
5 우리 주는 위대하시며 능력이 많으시며 그의 지혜가 무
궁하시도다
6 여호와께서 겸손한 자들은 붙드시고 악인들은 땅에 엎
드러뜨리시는도다

7 감사함으로 여호와께 노래하며 수금으로 하나님께 찬
양할지어다
8 그가 구름으로 하늘을 덮으시며 땅을 위하여 비를 준비
하시며 산에 풀이 자라게 하시며
9 들짐승과 우는 까마귀 새끼에게 먹을 것을 주시는도다
10 여호와는 말의 힘이 세다 하여 기뻐하지 아니하시며 사
람의 다리가 억세다 하여 기뻐하지 아니하시고
11 여호와는 자기를 경외하는 자들과 그의 인자하심을 바
라는 자들을 기뻐하시는도다
12 예루살렘아 여호와를 찬송할지어다 시온아 네 하나님
을 찬양할지어다
13 그가 네 문빗장을 견고히 하시고 네 가운데에 있는 너
의 자녀들에게 복을 주셨으며
14 네 경내를 평안하게 하시고 아름다운 밀로 너를 배불리
시며
15 그의 명령을 땅에 보내시니 그의 말씀이 속히 달리는
도다
16 눈을 양털 같이 내리시며 서리를 재 같이 흩으시며
17 우박을 떡 부스러기 같이 뿌리시나니 누가 능히 그의
추위를 감당하리요
18 그의 말씀을 보내사 그것들을 녹이시고 바람을 불게 하

신즉 물이 흐르는도다
19 그가 그의 말씀을 야곱에게 보이시며 그의 율례와 규례
를 이스라엘에게 보이시는도다
20 그는 어느 민족에게도 이와 같이 행하지 아니하셨나니
그들은 그의 법도를 알지 못하였도다 할렐루야

♥ 말씀 묵상 | 1. 당신이 스스로 잘하기 때문에 하나님의 도움이 필요없는 분야나 일이 있습니까?
2. 하나님은 무엇이라고 말씀하시는지 알고 싶고, 하나님의 도움이 필요하다고 여기는 분야나 일이 있습니까?

148편

요점 | 우주에서 울려 퍼지는 찬양. 창조주를 찬양하는 특권.

1 할렐루야 하늘에서 여호와를 찬양하며 높은 데서 그를
찬양할지어다
2 그의 모든 천사여 찬양하며 모든 군대여 그를 찬양할지
어다
3 해와 달아 그를 찬양하며 밝은 별들아 다 그를 찬양할
지어다
4 하늘의 하늘도 그를 찬양하며 하늘 위에 있는 물들도
그를 찬양할지어다
5 그것들이 여호와의 이름을 찬양함은 그가 명령하시므
로 지음을 받았음이로다
6 그가 또 그것들을 영원히 세우시고 폐하지 못할 명령을

정하셨도다

7 너희 용들과 바다여 땅에서 여호와를 찬양하라

8 불과 우박과 눈과 안개와 그의 말씀을 따르는 광풍이며

9 산들과 모든 작은 산과 과수와 모든 백향목이며

10 짐승과 모든 가축과 기는 것과 나는 새며

11 세상의 왕들과 모든 백성들과 고관들과 땅의 모든 재판
관들이며

12 총각과 처녀와 노인과 아이들아

13 여호와의 이름을 찬양할지어다 그의 이름이 홀로 높으
시며 그의 영광이 땅과 하늘 위에 뛰어나심이로다

14 그가 그의 백성의 뿔을 높이셨으니 그는 모든 성도 곧
그를 가까이 하는 백성 이스라엘 자손의 찬양 받을 이
시로다 할렐루야

♥ **말씀 묵상** | 1. 당신의 일생을 지배하는 관심사들은 무엇입니까?
2. 그 관심사들을 하나로 묶는 주제는 무엇입니까?

149편

요점 | 이스라엘에 베푸신 하나님의 선하심을 찬양하라.

1 할렐루야 새 노래로 여호와께 노래하며 성도의 모임 가
운데에서 찬양할지어다

2 이스라엘은 자기를 지으신 이로 말미암아 즐거워하

며 시온의 주민은 그들의 왕으로 말미암아 즐거워할
지어다
3 춤 추며 그의 이름을 찬양하며 소고와 수금으로 그를
찬양할지어다
4 여호와께서는 자기 백성을 기뻐하시며 겸손한 자를 구
원으로 아름답게 하심이로다
5 성도들은 영광 중에 즐거워하며 그들의 침상에서 기쁨
으로 노래할지어다
6 그들의 입에는 하나님에 대한 찬양이 있고 그들의 손에
는 두 날 가진 칼이 있도다
7 이것으로 뭇 나라에 보수하며 민족들을 벌하며
8 그들의 왕들은 사슬로, 그들의 귀인은 철고랑으로 결박
하고
9 기록한 판결대로 그들에게 시행할지로다 이런 영광은
그의 모든 성도에게 있도다 할렐루야

♥ 말씀 묵상 | 1. 하나님이 찬양 받으시기 위해서 이 땅에서 바로잡아야 할 불의로 당신은 무엇을 꼽겠습니까?
2. 그것을 바로잡기 위해서 당신은 어떤 일을 할 수 있습니까?

150편

요점 | 하나님의 뛰어나신 위대하심을 찬양하라.

1 할렐루야 그의 성소에서 하나님을 찬양하며 그의 권능

의 궁창에서 그를 찬양할지어다

2 그의 능하신 행동을 찬양하며 그의 지극히 위대하심을
따라 찬양할지어다

3 나팔 소리로 찬양하며 비파와 수금으로 찬양할지어다

4 소고 치며 춤 추어 찬양하며 현악과 퉁소로 찬양할지
어다

5 큰 소리 나는 제금으로 찬양하며 높은 소리 나는 제금
으로 찬양할지어다

6 호흡이 있는 자마다 여호와를 찬양할지어다 할렐루야

♥ **말씀 묵상** | 1. 당신은 하나님을 찬양할 때 무엇을 사용합니까?
2. 악기나 목소리나 몸을 쓸 수 없는 장애우들은 어떤 식으로 하나님을 찬양할 수 있습니까?

다 쓰고 난 후